U0512435

法国哲学研究丛书

学术译丛

国家出版基金项目
NATIONAL PUBLICATION FOUNDATION

Moralités
postmodernes
Jean-François
Lyotard

后现代
道德

[法]让-弗朗索瓦·利奥塔————著

莫伟民 贾其臻————译

上海人民出版社

总序

哲学经典翻译是一项艰巨的学术事业

　　法国哲学是世界文化遗产的重要组成部分，法国哲学经典是令人叹为观止的思想宝藏，法国哲学家是一座座高高耸立的思想丰碑。笛卡尔的我思哲学、卢梭的社会契约论、孟德斯鸠的三权分立学说、托克维尔的民主学说、孔德的实证主义、柏格森的生命哲学、巴什拉的科学认识论、萨特的存在主义、梅洛-庞蒂的知觉现象学、列维-斯特劳斯的结构主义、拉康的精神分析、阿尔都塞的马克思主义、福柯的知识—权力分析、德里达的解构主义、德勒兹的欲望机器理论、利奥塔的后现代主义、鲍德里亚的符号政治经济学、利科的自身解释学、亨利的生命现象学、马里翁的给予现象学、巴迪欧的事件存在论……充满变革创新和勃勃生机的法国哲学影响了一代又一代人，为人类贡献了丰富多彩、灵动雅致的精神食粮，以其思想影响的广泛和深远而成为世界哲学文化的重要组成部分。

西方哲学经典，对哲学家而言，是要加以批判超越的对象；对哲学工作者而言，是要像信徒捧读《圣经》那样加以信奉的宝典；对普通读者来说，则多少是难解之谜。而如果没有了翻译转换，那所有这一切就无从谈起。

自从明朝末年至今，西方思想在中国的传播已走过了大约四个世纪的历程，中西思想文化的交融渗透推动一个多元、开放和进取的精神世界不断向前发展。显而易见，传播者无论是外国传教士还是国人知识分子，都不同程度地遇到了不同语言文化思想如何转换的棘手难题。要在有着不同概念系统和概念化路径的两种哲学语言之间进行翻译转换并非易事。法国哲学经典的汉语翻译和传播当然也不例外。太多的实例已充分证明了这一点。

绝大多数哲学文本的重要概念和术语的含义往往并不单一、并不一目了然。西文概念往往是一词多义（多种含义兼而有之），而任何翻译转换（尤其是中文翻译）往往都只能表达出其中一义，而隐去甚至丢失了其他含义，我们所能做的就是尽可能选取一种较为接近原意、最能表达原意的译法。

如果学术界现在还一味热衷于纠缠某个西文语词该翻译成何词而争论不休，则只会导致人们各执一端，只见树木不见森林，浪费各种资源（版面、时间、精力、口舌、笔墨）。多年前，哲学界关于"to be"究竟该翻译成"存在"还是"是"、"Dasein"究竟应该翻译成"亲在"还是"定在"甚或"此在"而众说纷纭，着实热闹过一阵子，至今也无定论。我想只要是圈内专业人士，当看到古希腊哲学的"to be"、康德的"diskursiv"、海德格尔的"Dasein"、萨特的"facticité"、福柯的"discipline"、德里达的"supplément"、利科的"soi-même"等西文语词时，无论谁选择了哪种译法，都不难想到这个语词的完整意义，都不难心领神会地理解该词的"多义性"。若圈内人士都有此境界，则纠结于某个西文语词究竟该怎样翻译，也就没有多大必要了。当然，由于译者的学术素养、学术态度而导致的望文生义、断章取义、天马行空般的译法肯定是不可取的。

哲学经典的翻译不仅需要娴熟的外语翻译技能和高超的语言表达能力，还必须具备扎实的专业知识、宽广的知识视野和深厚的文化底蕴。翻译的重要前提之一，就是译者对文本的理解，这种理解不仅涉及语句的字面意义，还关系到上下文的语境，更是离不开哲学史和相关政治经济社会和宗教文化等的知识和实践。译者对文本的理解其实包含一个诠释过程。诠释不足和诠释过度都是翻译的大忌。可是，翻译转换过程中却又难以避免信息的丢失和信息的添加。值得提醒的是：可读性并不等于准确性。哲学经典翻译应追求"信、达、雅"的境界，但这应该只是一个遥远的梦想。我们完全可以说哲学经典翻译是一项艰苦的学术活动。

不过，从译者个体来讲，总会存在程度不一的学识盲点、语言瓶颈、理解不准，因而难免在翻译转换时会词不达意甚至事与愿违，会出错，会有纰漏。虽说错误难免，但负责任的译者应该尽量做到少出错、不出大错。而从读者个体来讲，在保有批判态度的同时，最好也能有一个宽容的态度，不仅是对译者，也是对自己。因为难以理解的句子和文本，有可能是原作者的本意（难解），有可能是译者的错意（误解），有可能是读者的无意（不解）。第一种情况暗藏原作者的幽幽深意，第二种情况体现出译者的怅然无奈，第三种情况见证了读者的有限功底。学术经典传承应该是学术共同体的集体事业：写、译、读这三者构成了此项事业成败的三个关键环节。

"差异""生成""创新""活力"和"灵动"铸就了几个世纪法国哲学的辉煌！我们欣慰地看到愈来愈多的青年才俊壮大了我国法国哲学研究和翻译的学术队伍。他们正用经典吹响思想的号角，热烈追求自己的学术梦想。我们有理由确信我国的法国哲学和西方哲学研究会更上一层楼。

拥抱经典！我们希望本译丛能为法国哲学文化的传承和研究尽到绵薄之力。

莫伟民

2018 年 5 月 29 日写于光华楼

目录

地 穴

译者前言　流变、制度和异识：利奥塔的后现代道德思想

莫伟民

后现代就是处在现代之中重写现代。现代性有不少特征，但利奥塔在重写现代时似乎最看重其中两个特征：历史性与元叙事。历史性就是关于时间的现代想象。现代性作为现代的时间性，意味着有可能且必须与传统决裂，并确立全新的生活方式和思考方式。在西方哲学和文化领域，一旦出现了历史性概念，就告别了前现代而进入了现代。理性进步、自由解放，以及人类得到科技拯救等"元叙事"也是现代性的标志。而历史性概念一旦丧失，元叙事也随之被小叙事取代，西方也随之从现代进入了后现代。现代性有社会现代性和文化现代性之分。重写社会现代性、文化现代性也就有了利奥塔所说的后现代道德。但利奥塔强调后现代并未摆脱、抛弃现代，因为后现代已经在现代之中了，

后现代是现代的组成部分。作为重写，其与原版不同，后现代性只是不同于人们通常所说的现代性，故此，后现代道德只是通过重写而不同于现代道德的另一种道德。

一

　　利奥塔重申知识具有的唯一的但可观的合法性就是使道德成为现实。这充分说明利奥塔的后现代哲学具有道德维度，包含了一种后现代道德。当然，利奥塔并未专门撰文来集中阐发道德学说，他的后现代道德思想主要体现在他的论文集《后现代道德》《异识》和其他有关著述、访谈中。即使在《后现代道德》中，他也并未像以往哲学家那样提出一种道德学说，并未专门探讨道德原则、道德规范、道德判断、道德权利、道德义务等道德领域的重要问题。他的后现代道德思想主要散见于他对文化、审美、制度和发展等主题的见解之中。或者说，利奥塔在此使用的"道德"一词是宽泛意义上，类似于笛卡尔在《谈谈方法》中说的"行为准则"、行为规则。从伦理上讲，"有必要"不是伦理的，"应该"也不是伦理的。必要性并非义务。因此，这样的行为准则显然不具有实践理性的普遍有效性。利奥塔认同列维纳斯的观点：普遍主义道德命令是空洞无效的。

　　《后现代道德》由15篇文章和访谈构成，是文集，而不是一部通常意义上的专著。行文注重审美式的描写和叙述，而不是逻辑论述和推理。选取"流变""市场""速度""信息""资本""多媒体""制度"等主题，聚焦"文化市场""大都市""想象博物馆""图形艺术""无声音乐""海湾战争""后分析哲学"等问题，力图反映文化人、艺术人、媒体人、政治人、哲学人的后现代行为准则：坚持异识。利奥塔试图让读者以充满好奇、焦虑、惊讶、惊叹的儿童心境去阅读后现代传说，从而设法改变以往那种追求清晰严密的哲学写作方式。我们接下来不妨领略一下该书的主旨概要。

利奥塔看到[1]：林林总总的道德通常形成鲜明对比，快速变化的后现代生活使所有道德化为乌有。生活并不妨碍人们提出问题：如何生活？为何生活？生活全方位发展，生活有各种意义。人们再现生活，把生活的所有意义炫示、展现给各种各样热爱生活的人，并享受生活。关于所有道德之道德，就是"审美的"快感。于是，利奥塔关于后现代道德之道德也就是后现代审美。

后现代知识不仅精炼了我们对差异的敏感性，还增强了我们对不可共度性的承受能力。利奥塔不仅在艺术和绘画领域与梅洛-庞蒂、克利、塞尚等人分享审美感受性，还与德勒兹一起受惠于弗洛伊德思想，设法用"利比多流变""脉动装置""能量交换器"等概念来取代传统哲学的主体概念。摆脱同一性逻辑的束缚，哲学也就变得非哲学化了，形而上学也就衰落了，艺术也许成了救赎之路。

在利奥塔看来，在后现代社会，文化同资本一样成了商品，出现了文化流、资本流和文化资本流。文化资本指的是：所有文化都在文化银行里变成资本。文化银行是人类的存储器，它必须使每个分行饱和。知识分子既不是资本的拥有者，也不是资本的

---

[1]　Cf. Jean-Francois Lyotard, *Moralités Postmodernes*, Éditions Galilée, Paris, 1993, p.11.

管理者。知识分子签合同著书，知识分子被当作微不足道的文化劳动力而被剥削。知识分子，一半是受雇佣者，一半是手艺人。知识分子既感到舒适，又感到艰难。因为，知识分子不能老是兜售同样的东西，必须创造、阅读、想象，否则就会招致雇主的不满。与知识分子一起从事文化商品生产、销售、流通、配置的一切人员都是文化资本的小小流变。词语、难懂的短语、音乐、图画、文雅举止都是一些文化流变。展览会也是文化流变，博物馆是所有流变的目的地。博物馆需要特异性来充实。最好的流变最快到达，妙不可言的流变刚出发就到达。这就是人们所谓的实时或电台和电视中的现场直播般的时间。但更好的做法，就是在流变到来之前，去预测流变的来临和"实现"。这就是信贷货币。这是贮存的时间，先于实时而被花费。人们赢取时间，借取时间。时间是金钱，金钱是时间。而书写太缓慢了，人们必须购买文字处理系统来生产文化，这样快速流变的文化被利奥塔斥责为便当文化。利奥塔则欣赏思想水潭之真实的缓慢流淌，"真正的流变是地下的，在地下缓慢流动，形成水层和源头。人们不知道它们会从哪里出来。它们的速度也未为人所知"①。

利奥塔抗拒美学在文化的名义下被发展所吞并，文化作品被商品化，共通感被转化为共识，人类智慧被商业化。利奥塔一针见血地指出，后现代文化唯利是图，讨论会、访谈、研讨班都是为了谈论同一件事情，谈论相异性（l'altérité）。大家都一致认为共识是可疑的。人们追逐相异性，光顾小型的流动文化市场，崇尚文化资本的美妙的小小流变。文化资本主义所发现的，就是奇

---

① Jean-Francois Lyotard, *Moralités Postmodernes*, Éditions Galilée, Paris, 1993, p.17.

特性（la singularité）市场。每个人都说明其奇特性。每个人都是在他所处的性别、人种、语言、年代、社会等级和无意识构成的网络中的位置来谈论自己的奇特性的。我们已在文化世界这个博物馆中拯救和贮存了金字塔、兵马俑等文化遗产，现在必须对当代的一切，无论是作品，还有生活方式、隐语、美元汇率等都进行存档。

后工业社会的高科技信息产业已取代工业社会的传统产业，巨城可以无拘无束地拓展。大都市的边界一而再再而三地向外拓展。有城墙环绕的城市变成了大区域，郊区变成了新城，巨城就没有城外和城内之分了。"远程通讯和远程生产不需要构思精妙的城市。巨城环绕着从新加坡到洛杉矶和米兰的行星带。整个区域介于虚无与虚无之间，撇开了实际经历的延续和距离。每个栖所都成了一个住所，这个住所中生活就在于传送和接受信息。"①一些西方国家凭着巨城来实现和推广其虚无主义。西方国家把这个虚无主义称作发展。在唯美的巨城中，哲学家处于或迷失于注意或留意作为绝对的虚无这样的境地。这个境地够滑稽，哲学家构造体系，又推翻体系，努力去奠基、思考常常肆虐的虚无主义，既展开又遮掩这种虚无主义。应该拒绝美学巨城的诱惑，默默抱怨绝对所缺乏的一切。但是，利奥塔反问：作为巨城中的生存方式，被调节的美学，真的"显明并隐藏了"绝对的一种缺失所具有的痛苦吗？或者，这种痛苦难道只是一种虚构，哲学需要这种虚构来使哲学归于自己的角色合法化吗？当近日哲学家或作家或艺术家坚持要听取自认为听到在该风格的弱音器上鸣奏的绝

---

① Jean-Francois Lyotard, *Moralités Postmodernes*, Éditions Galilée, Paris, 1993, p.28.

对的缺失时，他们疯了吗？集合城市（la conurbation）这个怪物在普遍化审美这点上与后现代哲学家相遇。

虚无主义不能保持为思想或论题的一个对象，虚无主义影响了作为哲学话语关键的辩证模式。虚无要求思想记录虚无，不是把虚无记录为其批判论证的产物，而是记录为其反思写作的风格。哲学家在"审美"时，不能偿清这笔风格债。与尼采或海德格尔相比，维特根斯坦、斯坦（Gertrude Stein）、乔伊斯、杜尚（Duchamp）似乎具有更好的"哲学"头脑，因为他们更适合于考虑毫无出路的虚无，更具有自己的风格。正是因为风格的事情，哲学在今日才受到争论、威胁，既得到尝试又受到怀疑。文化操纵着发展（包括文化的发展）的欲望，而不是正义、平等或命运的欲望。大众传媒向得意洋洋的资本主义自由主义的文化政策提供了审美的种种巨大可能性。而由巨城的文化机构提出来的那些角色的相互竞争的多元性，对这种文化政策是至关重要的。这种多重的审美化趋向把我们的文化变作一个博物馆。当对象失去了其作为对象的价值时，只有用来展现对象的"审美方式"保留了价值。"风格"成了价值，移情发生在风格上。"审美是巨城对因缺乏对象而产生的焦虑的反应。如同文化机构，巨城所特有的博物馆也是一种郊区。在这家博物馆中，所有文化都悬置在它们的别处与我们的此处之间，我们的此处本身就是早已消失了的它们的此处的别处。"① 但这种博物馆式审美必须遵守想象律，应该使人感兴趣，应该提供好、坏、爱、恨这样的方式、风格。在审美领域中，当商业占有崇高时，商业就会把崇高变成嘲笑。更不存

---

① Jean-Francois Lyotard, *Moralités Postmodernes*, Éditions Galilée, Paris, 1993, p.37.

在崇高的审美，因为崇高是一种情感，它从审美的无谓中获取其苦涩的快感。现在不是哲学家打算建造一个思想巨城的时候，哲学家无需依据共同体来进行思考，也无需加入一个无论什么样的政党。

利奥塔断言，科技的发展已变成一种加重不安而非减轻不安的手段。我们不能再把这种发展称作进步了。发展似乎通过一种独立于我们的力量、自主的动能而继续自己进行下去。发展并不答复产生于人类需要的需求。相反，个体的或社会的人类存在的稳定性似乎始终被物质上、精神上和思想上的发展的后果及其结局所破坏。科技世界对每件物品都加以复杂化、传播、数字化、合成并强行修改其尺寸，这根本无关于我们对安全、身份、幸福的需求。发展并非人类的一个发明。人类是发展的一种发明。人类不是发展的动力，人类不应该把发展与意识和文明的进步混为一谈。人类是发展的产品、工具和见证。即使人类对发展及其不平等、不规则、明定性、非人道所提出的批评，也是发展的表现并有助于发展。

利奥塔谈论有关图形设计者（le graphiste）的悖论。由于受到多种束缚，图形设计者只能在很狭小的自由运动空间中活动。作品要迎合读者、观者，要讨人喜欢，要显得有说服力，要显得恰当合理，作品要忠实于自己所指望的制度、展出等，忠实于其字面现象和精神。这些都是对作品的束缚。说白了，就是作品要愉悦观者的目光，使眼睛获得快感。作品并不使思想去认识，而是使思想去享乐。在旨在获得这种快感时，作品就在美学一边了。艺术家、律师、证人、传记作者甚至法官都是图形设计者，他们所做的一切都是解释，他们都是解释者。解释是解释学艺术，也许是最难的一门艺术。他们知道这样一些规定：不要给被解释的事情添油加醋，不要让被解释的内容自相矛盾，不要忽视以前的解释，不要把一种解释强加为确定无疑的。图形设计者通过设计情节，告知主体所指望的事情。精美的电影广告填满了大厅，赏心悦目的企业徽标在引人瞩目时促进了企业的发展，可用于贸易、商业、消费，并将加速人与人之间的沟通。图形商品像其他商品那样流通。无论商品是文化商品并具有公共或社会旨趣，还是具有私人的用途和旨趣，差异是微不足道的。凭着一幅精美的图形作品，浪费的那点时间，通过商业成功或声誉，使得幸运的所有者或者被指望的"物品"的经营者赚取大钱。①

　　图形设计者们要依靠公众才能生存，而公众是暂时的感受性的不停拆散和重组。当然，公众也有常项，传统的语言、某个观念甚至无意识观念，可确定的生活、就业、经济增长和衰退等状况，就是公众的常项。图形设计就是要确定这些组分之间的比例，使公众感到惊奇，让观者看到出乎意料的一切。然而，由于当今社会有许多动机是不确定的，许多动机是不可预见的，因此，图形设计者的艺术就有危险了。虽然有危险，但图形设计者们还是有章可循，尽管这种规章是事件的规章。作为现代都市的艺术，图形设计专门依赖于文化的、商业的、政治的和实用的"事件"，这些事件都接受相同的量体裁衣，都遵守相同的无规则之规则，事件的规则。图形设计是一种现代艺术，旨在通过设计情节而使人感到惊奇。行人驻足不前，仔细观看广告，接着去看演出。图形设计者所签合同规定作品应该指望事物。于是，图形

---

　　① Jean-Francois Lyotard, *Moralités Postmodernes*, Éditions Galilée, Paris, 1993, pp.42—43.

设计者的悖论就产生了：他愈把自己掏空任凭事物来栖居，作品就愈忠实于它所指望的事物。

二

在《后现代道德》中，利奥塔还通过柏林墙倒塌、波斯湾战争这些事件来探讨制度问题。利奥塔设问：我们通过何种干预才能力所能及地帮助那些在争取解放时受剥削和被异化的人们？社会需要知识分子在自己的领域内为全球体制的发展作贡献。可是，利奥塔发现，知识分子的战斗实践已从进攻变成了防御，战斗的性质发生了变化，因为知识分子付出的代价减少了，知识分子必须用于批判实践的精力消耗和时间损耗减少了。利奥塔引用克劳塞维茨的说法，用于攻击的时间量是防御所需的七倍。随着战斗从进攻转为防御，解放也就不再是现实的替代了。解放成了制度设法在劳动、税收、市场、家庭、性、种族、学校、文化、通信等区域内达到的目标之一。这个目标到处都要遭到内部和外部的抵制。然而，在利奥塔看来，这不见得是坏事，因为阻碍这个目标的那些障碍却促使制度复杂化和更加开放，推动新的事业。解放变得真真切切了。

解放从此由制度来承担，为了更有效地履行这个职责，制度就要求种种具有某种性质的批判。知识分子从事批判的使命，恰恰就是发现并揭露体制在解放方面的任何无能。该如何进行这种批判呢？利奥塔发现，1989 年 6 月和 12 月，东德知识分子重复着利奥塔他们曾在 20 世纪五六十年代做过的事情：一边批判分析"晚期资本主义",一边批判分析所谓的"共产主义"社会。利奥塔认为这个设想确实动人,但完全徒劳。

一方面,苏联和东欧社会主义开始衰落。侵入西柏林商店的东德人群证明了,自由的理想,至少自由市场的理想,早已萦绕在苏联人的心头。因此,按照西方模式来重建共同体似乎势不可挡,而无论任何时候劳动阶级在这个重建过程中都无所作为。国际工人运动已消失在局部机构中,这些机构除了旨在保护某类劳动者的利益以外再也没有其他目的了,而阶级斗争的作用只是与其他要素一起一直反对制度的发展,以帮助制度的发展改善其性能。利奥塔认为,马克思主义话语只有用第三世界、南部、近东的"群众"来替代工业和后工业社会的无产阶级,才能使自己的批判合法化,然而无产阶级将必定不会再出现在舞台上。

另一方面,资本主义列强既造就了伊拉克独裁统治,又发动了推翻这种独裁统治的海湾战争。利奥塔认为,整个西方资本主义制度检验着它的帝国主义政策的直接和间接效果,伊拉克的独裁是西方列强两个世纪以前在近东进行的势力划分和利益瓜分的结果。萨达姆·侯赛因是西方大使馆和大商号的产物!伊拉克的独裁,像其他独裁一样,产生于资本主义制度的痼疾向被战胜的、欠发达的或不太具抵抗力的国家转移的过程中。利奥塔探究萨达姆独裁之所以可能的原因,就在于以辉煌灿烂的伊斯兰文明和文化而自豪的伊拉克人乃至全体阿拉伯人因遭受西方列强的统治而深感羞耻和怨恨。利奥塔预言巴格达的独裁无疑会战败,当然,虽然资本主义不断制造危机和引发冲突,但利奥塔否认资本主义有其普遍的替代品,而主张资本主义已通过内部调节经历了多次冲突和危机仍保持着良好的健康状态。

利奥塔的结论是：无论纯粹的自由主义解释，还是笼统的马克思主义分析，都不能把握当时由柏林墙倒塌和海湾危机所标志的历史局势。因为，一个制度只有更开放才会更有竞争力，否则，就会被其竞争者淘汰。在制度之间的竞争中，决定性的行动似乎是在自己的运转方式中所保存的开放度和"游戏"①。这样的制度拥有充分权利成为权利和自由（包括批判的权利和自由）的唯一捍卫者。

利奥塔如是描绘了自由帝国主义的资本主义制度的图景②：这个制度并不允许和平，而是用竞争手段来保证安全。这个制度不允许进步，而是用同样手段促进发展。这个制度引起分歧，挑起不和，倡导多元文化。这个制度的内在构成没有受到彻底震荡，而仅仅是作了修正。这个制度没有政治取代，而只有政治交替。这个制度是根据多人游戏的规则进行运作的，这些规则确定了每个领域容纳的要素和许可的行动。这个制度通过整合胜算策略而进行连续的自我修正。这个制度的合法性就在于其自我构建的能力。制度的复杂化使它能够控制和开发以前是分散的"自然的"或"人力的"资源。这个制度密切注视着各种声音，把沉默看作健康的标志，把所有声音都归于沉默。

在利奥塔看来，以完全中性的制度之名，资本主义民主胜利地从几千年来尝试过的共同体组织中脱颖而出。保护各种权利，解决各种重大问题，都必须与制度保持一致。资本主义制度的效用是根据推断出来的个人需求和制度的需求这两方面来计算的。说推断，是因为制度中的游戏始终是"部分信息"，始终存在着

---

① Jean-Francois Lyotard, *Moralités Postmodernes*, Édtions Galilée, Paris, 1993, p.76.
② Ibid., pp.171—172, p.174.

无法克服的偶然边缘。制度很赞成不确定性，因为它并不封闭。许多事情都必须在这个由制度留给我们去思考的不确定性的边缘被说出和做出。利奥塔不仅否认启蒙运动理论是一种人道主义，而且强调资本主义所倡导的与制度保持一致这样的观点也不是一种人道主义，而是一种实用主义。其主要的理论表现就是：不近人情，急功近利。同时，利奥塔也自然不敢苟同罗尔斯在《正义论》中提出的"无知之幕"的理论，否认正义与非正义有"合理一致的模式"，批评罗尔斯无视合理性并不相关于合理化这一事实而天真地想要实现这种制度模式的梦想。

无论我们如何讨论和写作，如何进行介入，我们都知道在说话或行动之前，我们的介入都将为制度所考虑，看看我们的介入是否有助于制度的改善。虽然如此，但利奥塔并不像萨特、福柯那样愤怒地把这种制度抨击为是极权主义的，而是强调制度的不确定性的边缘相当开放，并为有这样的自由而感到庆幸，只是提醒人们也必须衡量我们的思考和写作为了它们周围的那份殷勤（la prévenance）而付出的代价。利奥塔抨击法国历史学家诺拉（Pierre Nora）竟然想要动用"罗马军团"来使散乱的巴黎思想界变得井然有序，并通过讨论来重构精神秩序这样的举动。这种"罗马军团特有的沉重步伐"让利奥塔感到震惊和恐惧。要求人文科学按照这种"沉重步伐"前进，是为了把对话和论据强加给像利奥塔这样具进攻性的和糊里糊涂的抄写员。[1]利奥塔坚持一个事实：作品从来都不是由制度"生产的"，作品也不是凭借制度或者反对制度而被"生产的"，作品是

---

[1]　Jean-Francois Lyotard, *Moralités Postmodernes*, Édtions Galilée, Paris, 1993, p.176.

在别处诞生的，制度仅仅是作品的上下文而已。作品远离任何透明的交往。利奥塔认为，福楼拜和波德莱尔最先起而对抗愚蠢制度。当今知识分子被制度招去发表公共意见，只因为他们比别人更懂一点使用语言重申共识的紧迫性。于是，利奥塔认为，在讲台上我们可以且必须是一个知识分子，但讲台下在画布或纸张面前，共识就等于零。而信任对话这种解释学偏见，忽视了对话中充塞着的不守规矩的转移和反转移。利奥塔控诉"制度正试图让人们忘记两个世纪前法国大革命的恐怖"①，而坚信理性普遍可理解性原则、具有共识旨趣的人们也并不完全是共和主义者。

20世纪法国哲学家们大多批判现代理性主义和同一性逻辑，开启新的认知形式和新的知识传播方式。利奥塔与福柯、德勒兹不仅在差异思想上彼此呼应，相互交织，还在巴黎第八大学成立哲学理工学院，创办并开展实验型大学的实践，尽管受到很多阻力未能成功，但体现出了他们渴望改革高等教育制度尤其是突破现行哲学教育制度的可贵尝试，建立一所面向现实生活、教学方式多样的新型大学的志向。利奥塔和德勒兹还在《当代》②杂志发表联名信，抨击拉康僭取了干预一所大学的权利，在巴黎第八大学精神分析学系解聘教员时实施专权，在智力和情感两方面实施恐怖主义，对所谓的"不健康者"进行名副其实的无意识敲诈。

---

① Jean-Francois Lyotard, *Moralités Postmodernes*, Édtions Galilée, Paris, 1993, p.180.

② Cf. Gilles Deleuze et Jean-François Lyotard, "À propos du département de psychanalyse à Vincennes", *Les Temps modernes*, no.342 (Janvier. 1975), pp.862—863.

三

早在 1982 年，罗蒂就指出欧陆哲学那种文学知识分子令英美分析哲学家们真正恼火的地方在于他们无法通过分析论证来解决争端、就各方必须诉诸的标准达成一致。而身处后哲学文化中的新实用主义者则把标准视为为了满足某些特定的社会实践之需而构建的临时安身之所，从而应该抑制哲学去探寻某种是所有其他可能在其位置上被提出的词汇之共同核心和真理的最终词汇，因为任何标准都是我们在创造实践的过程中创造出来的。[①]1984年在与德贡布（Vincent Descombes）辩论时，罗蒂断定英美哲学重论证而轻语汇，而法国哲学则重语汇而轻论辩，抱怨法国哲学家总是醉心于寻觅或建立语言学孤岛并邀请人们去定居，而不太关心在这些孤岛与大陆之间架设桥梁。对此，利奥塔在《后现代道德》的"奇怪的同伴"一文中给出了有力回击。利奥塔强调语言的异质性，而非语汇的异质性。由于一种话语不可还原为另一种话语，讨论也就并不总是可能的。并不存在一种普遍的理性语言，能使持有不同意见的各方经过讨论后，可消除偏见、谬误，达成共识。然而，同意的达成，并不是通过说服，而是经由确信。康德哲学打破了理性统一性，赋予认知规则、伦理规则和审美规则三种不同的普遍有效性。据此，利奥塔断言尽管罗蒂对他对维特根斯坦的解读提出了合理但不恰当的反对意见，但利奥塔仍然认为，"语言游戏"的多样性和异质性会给罗蒂所坚持的

---

① Cf. Richard Rorty, *Consequences of Pragmatism*, The University of Minnesota Press, Minneapolis, 1982, pp.xli—xlii.

同质语言原则带来难以处理的问题。因为语言游戏的规则的具体应用要比确定更为重要，而规则的具体应用就要视具体情况而定了。合理性只有在它承认理性是多样时才是合理的。① 语言游戏的多样性并不就是体现在一种语言中，并且可在多种语言之间进行转译的分歧性。利奥塔赞同戴维森批评"概念图式"会阻碍对话者们进行交流，使他们最终不能达成共识。因为我设法用来"说服"我的辩论对手某种东西是美的方法，并不能转译成他设法用来说服我这同一个东西是真的方法。由于一个对话者本人能以几种方式讲话，或者说他的语言允许完全不同的方法和赌注，出于语言可以玩真、玩善、玩美这样相异的目的和用途，因此一种话语并不能化约为另一种话语。加之不同的话语也并不具有相同的布局和配置。利奥塔有理由怀疑罗蒂所说的对话及其转换规则能在写作、反思和翻译中组织起语用学关系。异质性和不可公度性是显而易见的事实，因此，利奥塔不能接受罗蒂那旨在说服别人相信他的话的真实性的讨论，甚至也不能接受作为最简单的语用学状态的"对话"。利奥塔希望罗蒂多研究语用学，因为弗洛伊德近一个世纪以前早就指出每个人都可细分为多个对话方，因为任何写作和思考都存在语用的不确定性和目的地的不确定性。如果罗蒂一味看重讨论，那是因为他成了并非其对话者的他者的人质。鉴于罗蒂信奉那种尽可能地用诉讼来代替异识的政治自由主义，利奥塔断言已被元对话、交往语用学占据的罗蒂所说的"伟大之地"并不令人向往，强调固守异质话语的游戏，"守住我们的群岛在我看来是一个最明智的措施"②。

---

① Cf. Jean-Francois Lyotard, *Moralités Postmodernes*, Éditions Galilée, Paris, 1993, p.115.
② Ibid., p.130.

哈贝马斯抱着捍卫理性原则、光大启蒙精神的目的，主张能说话和行动的主体之间具有达成协议一致的交往能力，因而既拒绝传统理性主义意识哲学，又批评尼采、福柯、利奥塔等人的现代性批判理论。哈贝马斯认为矛盾信念的多元化鼓励我们学习，期待未来的解决方案，就能保持罗蒂想要摒弃的区别：有效观点与特定社会接受的观点之间的区别，有效论点与特定时期只在特定受众中取得成功的论点之间的区别。而利奥塔直接断言哈贝马斯的交往理性理论只是在诸多宏大叙事上又添加了一个宏大叙事而已，拒绝接受哈贝马斯的商谈伦理和论辩伦理。

列维纳斯把我对他者负有的绝对伦理义务当作第一哲学的根本原则，利奥塔认为列维纳斯赋予伦理义务对于认识的优先权。"自我并不来自他人；他人是降临到自我上的。"[1] 他人成为我的主人，并不是因为统治我，而是因为向我要求的。封闭在自身心情中的我对他人一无所知，他人的涌现并不是一个认识事件，而是一个情感的事件。他者一贫如洗地出现在我的领域中："没有属性，没有场所，没有时间，没有本质，他者只是他的要求和我的义务。"[2] 也就是说，我承担对他者的义务，并非出于理解和认识，而是出于情感和感觉。利奥塔由此强调不同的用语体系、不同的语言游戏都各有其位置，各司其职，各尽所能，强调下面三种陈述之间存在着不可公度性、不可转换性：旨在探求真理并具有认知价值的指示性陈述，旨在追求正义并具有实践价值的规定性陈述，涉及事实并具有客观价值的描述性陈述。鉴于理论是根据确定的语法用明确定义的术语来表述的命题系统，任何

---

[1] Jean-Francois Lyotard, *Le Différend*, Les Éditions de Minuit, Paris, 1983, p.163.
[2] Ibid., p.164.

美学或伦理学判断就都不具备这样的命题系统。如果伦理决定将自己置于理论的权威之下，就会免除一切责任，也就会立即丧失其伦理特性。虽然伦理语位不可以被转译为认知语位，但伦理语位应该有其现实效果。不同用语体系具有异质性，我们不可能让不同用语体系服从同一个法则，这就是利奥塔所说的不可公度性（l'incommensurabilité），标志着认知用语或规定用语与疑问用语、行为用语、感叹用语之间的关系。

　　笛卡尔的我思自我具有明证性，胡塞尔的自我具有先验性，列维纳斯的自我具有受动性。在 1986 年 6 月 3 日巴黎的一次讨论会① 上，利奥塔不顾列维纳斯的反对而主张在列维纳斯的思想中存在着圣经传统与现象学之间的张力：前者强调自我的受动性、自身内心深处具有他者不在场的在场而把他人的召唤看成是构成性的，后者则侧重于从先验自我来构成自身的问题。鉴于列维纳斯坚持认为他者是不容置疑的，利奥塔则主张他者才是值得质疑的，并不是必须承担责任的源泉。利奥塔也反对依据爱来转译列维纳斯的他异性，因为我与他者相遇，他者之脸召唤我尽无限的责任，其实是剥夺了自我的权利，这样的"爱"是不充分的。上帝并不要求被爱，而是要求被服从，这是一种责任。利奥塔断言列维纳斯的上帝不是要求互爱的上帝，是一个迫使我把自己放在第二人称位置上的上帝，因而是一个剥夺权利的上帝。利奥塔进而质疑列维纳斯关于伦理学与存在论之间关系的看法。与列维纳斯对存在论的理解相反，利奥塔认为至少对海德格尔来说，存在论意味着一个人对存在的召唤保持开放和专注，并对存在的召唤

---

① 　Emmanuel Lévinas, *Autrement que savoir*, Emmanuel Levinas/avec les études de Guy Petitdemange et Jacques Rolland, Éditions Osiris, Paris, 1988.

尽到一种责任。海德格尔把犹太思想传统嫁接到存在论上，把存在置于他者的位置，以去犹太化的希腊存在论名义从源头上掠夺、绑架犹太思想。列维纳斯则回应说：犹太教关于对他人的责任的渊源与海德格尔关于人对存在的意义负责这两者之间只具有形式上的存在论相似性。利奥塔的结论是：无论是海德格尔的存在，还是列维纳斯的他者，都是不能被构成的，因而前者的存在论和后者的伦理学都不能进入他律问题。利奥塔更是严词抨击海德格尔把《我的奋斗》的政治解释为是表现此在之畏的托词。

　　霍耐特从其承认理论出发来评析利奥塔的后现代思想。霍耐特强调利奥塔虽然把合法化而非工具理性当作现代性的核心原则，但利奥塔并未说明合法化原则是如何在参与者之间达成共识的，并未把"去合法化"的过程严格地奠基在社会进程之上。此外，如果互惠的承认关系是自我实现的场所和条件，那么，社会的解体就不再是摆脱现代结构而获得个人自由的机会。霍耐特指责后现代理论家看不到工业环境衰退后生活形式的多元化必须奠基于适应后工业社会的主体间承认伦理。霍耐特认为利奥塔误解哈贝马斯的原因在于利奥塔预设了语言游戏是异质和多样的这个理论前提，来反对侵犯人权、抹去文化差异的普遍主义的自由民主原则。而实际上后现代生活形式的平等恰恰需要一个道德原则来加以调节。异识不可能把所有语言游戏具有平等权利确立为道德原则。鉴于利奥塔与哈贝马斯都认可康德义务论的观点，即每个人都必须作为平等的人尊重他人，利奥塔的异识伦理学与哈贝马斯的商谈伦理学就有着共同的思想旨趣。而平等恰恰是现代性的普遍主义主张之一。这也验证了利奥塔所说的后现代就是处在现代之内来重写现代。

普拉多认为利奥塔的后现代传说就是宇宙学传说：资本主义自由开放制度从不同来源获取能量，历经多次激烈冲突和严重危机而被证明是动员和调节能量最有效的系统，从而终结了任何其他可供选择的政治制度而把解放视为自己的分内事。这个传说就是这样说明宏大叙事的出现和消失，并否认了人类制度的历史存在末世论。然而，这个开放的制度仍有悬而未决的问题有待解决。这个问题就是与非存在相关的思想问题、存在的债务问题、孩童（l'infantia）的债务问题。我们从元叙事分解后被遗弃的制度世界中可得到的道德之道德是审美的愉悦、巨城的存在方式。而这种审美愉悦却转而否认存在的债务，以至于后现代世界的制度梦想一个没有童年的人类。在精神分析中，孩童意指的是无法无天、无准备、不确定性，是留在成人大厦内的"外部"，而非人生的一个时期。没有童年的债务就没有成年理性。利奥塔批评新实用主义者罗蒂通过掩盖这种困扰并威胁着"成人"语言的每一次表述的不确定性而加倍地扩大了资本主义自由主义的制度、利益的影响。每个人的灵魂都与悲惨而又令人钦佩的不确定性结下了不解之缘，非人正是在对儿童的债务中找到了抵抗"政治"的最终资源。艺术写作只是在个人那里创造和谐而不能带来社会和谐；即使这种席勒式的审美和谐也在奥斯威辛之后的远程技术的后工业社会中随着人本主义的毁灭而消失了。既然我们没有偿还童年的债务，那么，写作、思想、文学和艺术的使命就是要冒险见证对科技发展这种非人进行抵抗。后现代道德属于这种抵抗"政治"，是一种借助写作来关注不确定性的伦理。当然，这里要抵抗的并不是制度事务的民主管理意义上的那种政治。后现代道德诉诸力学、热力学理论：资本作为制造差异的热力学系统已发现了文化市场的奇特性：他者、他异性、多元性、不确定性。后现代社会就是一个思考差异的社会、为泛化审美提供差异的社会。鉴于维特根斯坦曾忧虑欧美科技"进步"和哲学进展遮掩了人们对存在的惊奇，海德格尔谈论科技对自然的侵占和破坏，本雅明和阿多诺分析文化和艺术的产业化，利奥塔则更直接地指控新电子计算机技术、多媒体技术侵入了旨在关注不确定性、孩童性的文学、艺术和哲学，剥夺了惊奇、焦虑、复杂性过程的合目的性原则、无条件的欲望，致使思想的危机、萎靡或忧郁成了思想的后现代状态。非人的、"动态的"宇宙学传说对这种现代性危机作了最终的、"近乎孩童般的"表达。宇宙学传说只有忠于忧郁这一后现代情感才有其价值。只要精神还没有失去对非存在的负债感，艺术和写作就仍然是可能的。而后现代道德和普遍的审美化似乎试图让我们失去这种负债感。于是，利奥塔想要知道在技术科学发展和资本主义复杂化的条件下，这种写作劳动、这种失忆的抵抗中，有什么可以保留下来。利奥塔确信：无论宇宙演化得有多复杂，艺术、文学和哲学三者相结合的写作仍将坚持见证不确定性、孩童性、其余者。而这种坚持就是利奥塔所说的后现代道德之"道德"[1]。利奥塔把这种坚持视为"崇高"：以算计为核心的发展想要成为一切，拥有一切，控制一切。而与发展齐头并进的文化虚无主义则攫取包括激情在内的所有对象并把它们抛入文化商品流通市场以获取文化暴利。这种发展确实将人们推向最后的防线，推向黑夜的边缘。但正如尼采所说，这种痛苦是

---

[1] Cf. Plínio Walder Prado, "Jean-François Lyotard, *Moralités postmodernes*", *Études littéraires*, Volume 27, Number 1, été 1994, pp.179—187.

一种觉醒，黑夜是太阳。利奥塔就这样把崇高视为是对绝对的难以忍受的折磨的一种可能的命名，并强调意识形态权力的过时，并不意味着思想解放像现代人所认为的那样在通往自由和救赎的道路上，而是人们无权为自己被遗弃而感到恐惧。[①] 会做蠢事的孩童除了自己就没有其他权威，巴塔耶的内在体验也是如此。

利奥塔确信：虽然具有合法化功能的宏大叙事衰落了，但这并不意味着没有任何叙事值得信任了，无数其他小的和更小的叙事仍然能织出日常生活的多彩之布。不过，后现代传说就没有后现代话语这么乐观了。后现代传说仅仅是不确定的想象，只忠实于忧郁这个后现代情感，因而赋予自己一种诗性的或美学的地位。利奥塔直言不讳，后现代传说是比后现代人有关自身的话语要悲观得多的话语。后现代人只是继续说着伽利略、达尔文和弗洛伊德的话语：人并非世界中心，并非受造物中的第一个（而是最后一个）。而后现代传说的主角并不是人类，而是能量。后现代传说干脆把人不当人了，只当作一种最复杂的能量组织形式了。而能量又是服从盲目的、局部的法则，服从偶然性的。利奥塔并不要求我们相信这个后现代传说，而只是要我们去思考它。[②] 无论如何，必须重申的一点是：利奥塔更喜欢"后现代"和"后现代性"这样的表述，因为他从来不把自己的作品视为"后现代主义"作品。如是，我们把他称作后现代主义者是否合适呢？既然后现代是对现代的重写，把他视为"重写现代主义者"就应该

---

① Cf. Plínio Walder Prado, "Jean-François Lyotard, *Moralités postmodernes*", *Études littéraires*, Volume 27, Number 1, été 1994, p.188.

② Cf. Jean-Francois Lyotard, *Moralités Postmodernes*, Édtions Galilée, Paris, 1993, p.94.

是恰当的。

*

　　最后，要说明的是，本书的翻译工作是合作完成的，莫伟民翻译了前 7 篇，巴黎第十大学哲学系博士生贾其臻翻译了后 8 篇。感谢博士生唐梅欣所作的部分文字处理工作。由于主客观原因，译文可能会存在不妥甚至谬误之处，还望读者批评指正。翻译通常是把一种语言"糟糕地"表达为另一种语言。除了原著概念的一词多义、不同语言文化的特殊性等要素外，一部译作的完成和出版涉及写作、翻译和阅读三种活动，而译文中信息不必要的添加和流失都会导致翻译并不契合其他两个活动。鉴于很少有完美的双语写作者，利奥塔就断定即使作者也不能评判翻译的完美与否。在作者、译者和读者的三方互动关系中，翻译成了一项无止境的重读和校正工作。正是在这个意义上，利奥塔强调即使是无与伦比的著名译作，也必须在几年之后被重译。无论如何，我们还是要与利奥塔一起主张"让新生的思想穿透它铭刻在语言中的变装（le travestissement）"①。

　　（本"前言"是在《试析利奥塔的后现代道德思想》一文的基础上经大量增补和修改而成，此文原载《天津社会科学》2007年第 6 期。）

---

　　① Cf. Jean-Francois Lyotard, *Moralités Postmodernes*, Édtions Galilée, Paris, 1993, p.137.

引　言

　　一小段故事、寓言或叙事、短剧、素描的结尾，道德从中汲取了朴实无华的、局部而暂时的、很快被遗忘的智慧。林林总总的道德通常相互矛盾，毫无顾忌。它们一起构成了准则的飒飒声和欢笑的怨言：生活也是如此。

　　当今，生活节奏很快。生活使所有的道德化为乌有。这种无谓（la futilité）适合后现代（le postmodern），适合物，犹如适合词一样。尽管如此，这种无谓并不妨碍我们提出这样的问题：如何生活？为何生活？答案是众说纷纭。当然，一如既往，但这一次，我们似乎知道生活在全方位进展。

　　然而，我们真的知道？我们更愿意想象。作为多样性（la diversité）的爱好者，我们炫示、展现生活的所有意义，并享受这种生活。所有道德之道德，将是"审美的"快感。

　　于是，就有了这 15 篇论述后现代审美倾向（l'esthétisation）的笔记。与这种审美化倾向相反的是：我们与生活无缘，因为我们已把生活归于人为假象（l'artifice）。

1

赘　言

1．玛丽在日本

文化资本流（stream of cultural capital）吗？但那是我呀，看着成田（Narita）的旋转木马转来转去，玛丽自言自语道。这是小小流变（flux），但也是流变。的确，这是文化流，他们在向我购买文化。这也是资本流。庆幸的是，我既不是资本的所有者，也不是它的管理者。他们剥削的是一种微小的文化劳动力。但我确切地在合同上明确表达了同意，并签字。这并不是一个重大发现。一半是受雇者，一半是手艺人。而你也希望如此。你在欧洲、各大洲奔波，飞机，传真，电话，邮件到达世界的每个角落。这是艰难的，这是艰难的。这是愉快的，但又是艰难的。这已经是愉快的。你还得工作。你不能总是卖同样的商品。你必须发明、阅读、想象。因为如果你不这样，他们就会不满，就会说你把他们当作白痴来看待，或者说你在衰退。你知道，玛丽，她已无话可说。进垃圾箱吧。

只要这样管用，就会有一个女主人（我看到她了，我肯定是她到了）或一个助手坐出租车到机场接你。你在宾馆待上半小时，凉爽一下。有时候，这是长达 18 个小时的直达飞行，嗯？一杯鸡尾酒和晚餐，然后是会议和饮料。或者一杯鸡尾酒和会议，然后是晚餐。世界上每个城市都一样。他们有时很担心，有时很热情，有时有点凶。有时是真正的朋友。总是面带微笑，玛丽，即使你在亲切地讲述恐怖故事。我可以推销苦恼，这很有趣，但要以友好的方式。明天或后天，我们说再见，我们亲吻，我们给对方提纲、书本、地址，我们再次亲吻，再见，我们会再见到对方，嗯？世界真小，手势，短暂的忧郁，行李箱通过探测器。——你好，你是惠子（Keiko）吗？谢谢你来接我。惠子也是微小的文化资本流吗？显而易见。戴白手套的司机从后视镜中看着我们头靠在洁白无瑕的花边上，客气地交谈。出租车就像导弹一样在高速公路上疾驰。这是资本流。我们到宾馆了，我拥有自己的半个小时。房间在 58 层，一切顺利。

玛丽在淋浴时回想起她们的老师曾解释过资本，这并不是说时间是金钱，而是说金钱是时间。最好的流变最快到达，妙不可言的流变刚出发就到达。他们把这称作真正的时间（du temps réel）或活生生的时间，是电台里和电视中的时间。然而，最好的做法是，在流变到来之前，去预测流变的来临和它的"实现"（réalisation）。这就是信贷货币。这是被贮存的、在真正时间到来之前要被花费的时间。你节省时间，你借取时间。你必须给自己购买一个文字处理器。你节省时间，这难以置信。——可是，书写呢？——你快速书写，写在纸页上，摘记上，校版上，你看到了吗？——可怜的玛丽，你不会变得富足，你喜欢在你的纸张上胡乱涂画，算了。你是一股小小的缓慢的流变。你将被诸多细小但快速的流变所赶超。你将被迅速简便的文化所赶超。你只需在成为笑柄之前及时死去。她感到思想需要时间自得其乐，此外什么都不需要做。或者一般说来，思想就是被人们愚蠢地称作创造的东西。思想并不十分类似于流变。思想不如说是水潭。你在里面涉水。它不能到达其他任何地方，它并不满脸微笑，并不与外界沟通交流。你想起堂（Don）是如何工作的？啊！没有被堵在里面，不像和尚那样！但仍然完全在别处。朋友们到他的乡村洞穴来看他，他则亲切地招待他们。他们讲述艺术家的故事。我们最终并不知道他是否记住了这些故事。他对自己的工作几乎只字不提。然后有一天，他有 15 幅系列巨画或 50 幅画作在画廊展出。结论：真正的流变是地下的，在地下缓慢流动，形成水层和源头。人们不知道它们会从哪里出来。它们的速度也未为人所知。我很想成为一个充满冰冷、静止黑水的地下水带。

离惠子到达还有 10 分钟。玛丽化起了妆。说到节约时间，我们女人总是失败者。我们总是有一个面容和一个躯体要打扮。而男人们只需擦拭几下就可闪亮登场。这不公平。我对我的会议感到满意。男人们什么都听不懂。这太简洁了，也太书面了。我们曾谈论莫里斯（Maurice）。这过于"法国化了"，或者爱尔兰化了。这已经接近于最低限度了。男人们需要清澈美妙的流变。要说明这些流变缘于何处，走向何处。这里有个小小的介绍。我们把观点放在上下文中来考察。欧内斯特（Ernst）主张这个，迪克（Dick）则反对那个，而鲁斯（Ruth）则解释说这个问题提得太糟了：这是受男权支配的探讨。罗恩（Ron）则解释说，所有的人继续以西方文化的方式进行思考，可是还有其他文化方式。唉，其他文化方式！他们的嘴里只有这句话。差异、他异性

（l'altérité）和多文化主义（le multi-cu lturalisme）。这是他们的达达主义（dada）。

我的老师曾经让我想起康德：由你自己思考，思考得与自身相一致。今天他们把这个观点称作逻辑中心主义的，并不是在政治上正确的。流变必须在正确的方向展开。流变必须汇集在一起。所有这些文化的唯利是图、讨论会、访谈、研究班，是为了什么呢？恰恰为了确信人们都在谈论同一件事。那么，谈论什么呢？谈论他异性（l'altérité）。人们全体一致同意一个原则，即全体一致（l'unanimité）是令人怀疑的。如果你是一个女人，并且是爱尔兰人，耐看的，隐隐约约还是巴西的教授，女同性恋者，还撰写过一些非学术性著作，那么你就是一股小小的美妙的流变。文化资本，这是你所感兴趣的。你是一个行走的文化小市场。你动作快点。可是，如果你给他们一点对"可感觉的一切"（le sense-able）及其与死亡的关系稍微紧扣的分析，诚如拉歇尔（Rachel）所说的，你就不再是那个你了。这是司空见惯的。这如何说明你的差异呢？你的他异性去了何处？任何一个好人，德国波鸿（Bochum）的普通诚实人都可以在你的位置上做到这一点。文化资本主义想出的就是奇特性（des singularités）市场。每个人都说明其奇特性（singularité）。让每个人在性别、种族、语言、年龄、社会阶层和无意识的网络中为自己说话。他们目前所讲的真正的普遍性就是奇特性。你能想象在南太平洋大学讲授法语的漂亮的爱尔兰女同性恋者正在作康德-维特根斯坦式分析吗？而这是令人绝望的。坦率地说，这是不明智的，古板的。那算哪门子哲学？它甚至是可耻的。好吧，让我们看看东京（Tokyo）和京都（Kyoto）是不是这样的。

在约定的时间，惠子进入了房间。确实非常漂亮，绝了。我们在鸡尾酒会前有半个小时，所以你想去你要发言的中心对面的博物馆看看吗？那里有一个 15 世纪日耳曼绘画和雕刻的展览。玛丽对自己说，这个展览是又一次文化的流动。一件古老的欧洲文化资本，非常聪明地被运送到日本，它将在那里流通，为了所有有用的目的？出于什么目的？嗯，向亚洲展示欧洲是什么，欧洲的过去，欧洲的艺术，而亚洲显然对欧洲一无所知。这很好，不是吗？就是，玛丽，你也是博物馆的一部分。东京也是如此，明天去京都，在奈良（Nara）停留，大约四分之三小时的路程，所有这些对你来说都是一个博物馆。不仅仅是你所希望拜访的寺庙，还有风景，拥挤的郊区，城市中心，都将被归档。所有这些流动的目的地都是博物馆。他们需要奇特性来充实博物馆。哪个博物馆？当代文化世界。还记得刘易斯（Lewis）吗？文化资本指的是：所有文化都在文化银行里变成资本。文化银行是人类的存储器，它必须使每个分行饱和。重要的部分已准备就绪，我们已经保存和储存了拉斯科洞穴（Lascaux）、上尼罗河的古墓、阿兹特克金字塔、马奇诺防线、西安兵马俑、斯宾诺莎和阿加莎-克里斯蒂（Agatha Christie）的陵墓。现在必须对现代的东西进行存档：需存档的不仅仅是艺术作品，还有生活方式、烹调鱼类的方法或刺激女人的方法、小方言、俚语、美元的中期和长期波动、20 世纪 30 年代的海报。

她们注视着阿尔特多费尔（Altdorfer）①、克拉纳赫

---

① 阿尔布雷希特·阿尔特多费尔（Altdorfer, Albrecht，约 1480—1538），德国画家、版画家、建筑师，文艺复兴时期多瑙河画派的主要代表人物，以善于描绘风景著称，最大杰作是《亚历山大之战》（1529）。——译注

(Cranach) ①、丢勒（Dürer）②。慧子记着笔记。慧子做着她的小档案流（petit flux d'archive），玛丽认为她会做到的。美丽而严肃。仿佛她已经做到了。这就是今天的世界：所有需要做的事情，好像都已经做了。为什么卡杜维奥（Caduveo）或图皮-卡瓦希布（Tupi-Kawahib）印第安人在节日期间享用从树干上提取的白色大幼虫菜肴？这是为了出现在电影或人类学教科书中。你看，他们说，没有什么是自然的，一切都是文化，而每一种文化都是独一无二的。那么亲属关系的规则呢？你认为这不言而喻吗？不，它们不是。在澳大利亚的一些社区，它们的复杂性会让公证员抓狂。这难道不令人钦佩吗？在这些规则失效之前把它们存档。那艺术作品呢，你认为它们只是欺负人吗？它们是可以想象到的最复杂的绘画。把它们归档。还有土星，你认为它是一个气体星球吗？根本不是，探测器探测到的是一个硬核。重建你的宇宙学博物馆吧。

惠子可讲一种超级正确的法语，她在临走时说，下一个临时展览将致力于展出 15 世纪本州（Honshū）北部能剧（théâtre nô）的服装、道具、乐器和场景。接下来呢？会展出与欧洲黑人艺术相关的多贡面具和雕塑（masques et sculptures dogons）。这是一个多么丰富的博物馆啊?！惠子不好意思地笑了：收藏家、画廊、非常富有的赞助商。是的，玛丽说，他们也给我很高的报酬。我

---

① 克拉纳赫（Cranach, Lucas, 1472—1553），德国画家，代表作为《帕里斯的审判》。曾任萨克森公爵宫廷画师，参加过宗教改革运动。擅画风景，风格朴拙，也吸收了意大利美术和 A. 丢勒的技艺。——译注

② 阿尔布雷特·丢勒（Albrecht Dürer, 1471—1528），德国画家、版画家及木版画设计家。主要作品有《启示录》《基督大难》《小受难》《男人浴室》《海怪》《浪荡子》《伟大的命运》《亚当与夏娃》等。——译注

是博物馆的一部分。不，还没有，我们会看到的，这就是关键所在。这只是一次试运行。如果有第二次，那就可能。这样他们才会听我的。不是我说什么，而是我是否值得保留，我的垃圾是否值得储存。目标不明确，这是肯定的。玛丽有点焦虑，笑着说：不明确的目标也许是最好的目标。我被期望关注少数群体，所以我给他们分析一般的可感物：这可能也显得很奇怪。博物馆需要不断地自我更新。来到博物馆的流变要求有被保存和展出的权利。这些流变必须配得上博物馆。也就是说，这些流变要使许多人入场参观，人们撰写许多评论。他们必须得到大量的条目和大量的评论。如果总是老一套，结果将是无聊、参观率下降和业绩不佳。

玛丽告诉自己，当她与中心的团队一起举杯时，这些管理人员只有在不停地创新时才是最好的。博物馆和文化机构不仅仅是仓库，还是实验室，还是银行，这是真的。仓库必须运作。作品被拿出来，被展示，被放回地下室，被比较，被再次找到，被分析，被修复和 X 光检查。文本和音乐也是如此。如果我运气好的话，我的**可感物**（sense-able）也会一样。这就是名声，围绕着一个名字的骚动。

玛丽在讲台上的小灯下摊开她的纸片，开始在她看不到的观众面前站起来。这仅仅是为了服务于她的文本。她被告知，站出来是粗俗的，是不受欢迎的。她对自己的文本很有信心。文本必须为自己说话。而她不在场。文本会找到自己的语气。在这期间，我可以想点别的东西，那是更好的。这个关于文化流和资本流的故事是一件奇怪的事情。这事关形而上学。不仅仅事关隐喻（la métaphore）。形而上学是被实现的隐喻。噢，这似乎让前排的惠子感兴趣，似乎使我的感官感兴趣。有人在吗？我没来得及去看。总之，我是他们的他者，这就是输出的好处。只有少数人知道我的商品是否真的是独特的。如果场场爆满，他们无论如何都会说这个商品很棒。否则，观众就会失望，而中心就会受指责。奇怪的形而上学。嗯，就是奇怪的资本，很简单。热力机器，热极，冷极，工作。热力机器产生差异化（le différencié）。整个要点是确保新的能量总是可用的，而且可加工的。但是，当涉及加工时，他们已变得非常聪明了。他们的多文化主义、少数性和奇特性在一百年前的文化产业中是没有前途的，除了作为一个殖民地的展览。而这需要很多捕捉和利用的策略。最后，它变得有利可图。人们厌倦了，厌倦了在文化快餐店里一遍又一遍地吃同样的图像和同样的想法，人们必须拥有出乎意料的**小册子**。一小段美妙的空闲时间。但我们必须在十年后找到别的东西。奇怪的形而上学。

这并不是说她年轻。动力学作为世界的一个系统，这至少可以追溯到亚里士多德，但有趣的是，玛丽认为，除了几个疯狂的自大狂之外，没有人对力的理论感兴趣。这有趣得像精彩节目。这就是动力学的旨趣，不是力量和权力的旨趣，而是它们带来的审美愉悦。一个人类共同体在沉思它的差异。泛化的审美。本世纪末的伟大行动，也许还有下个世纪的。嗯？也许他们会在我的演讲中听到这一点。如果是这样，我就得救了。他们只想要一件事，就是我们谈论他们，向他们展示他们是多么有趣。一切都必须谈论他们。你还记得那个宇航员说，当我们从宇宙飞船和探测器上看地球和人类时，我们对地球和人类的了解就要好上一百倍。你还记得哈雷彗星吗？一个探测器在路上不知道走了多少年后遇到了哈雷彗星。它和他们谈起了他们。我们需要改变剧目。需要寻找新剧目。需要以不同的方式上演旧剧。这整个动力学都是为了获得面包与马戏（*ad panem et circenses*[①]）。

房间再次亮起，掌声雷动。够了吗？还不错。我们继续进行问答游戏。这是文化的一部分。他们有说话的权利，有发言的义务，没有被动，有活力，有互动。这是对优异表现的测试。玛丽，现在不是表明你不在乎和你已经厌倦的时候。你永远不会累，是吗？否则他们就不会邀请你回来。我已经够"另类"了吗？至少这服务于他们的对话，有助于知道这点。有礼貌地回答，说明，表明你的他异性，不要让自己沦为众所周知的人，捍卫你的差异。继续显示你自己的小流变是不一样的。非常活跃，不是吗？所有的问题"都很有趣，但我还是想补充一下……"而且不要太长，好吗？要晚餐了。

我们与**快乐的几个人**一起用餐，用法语和英语，或者惠子翻译。语言资本的流动需要翻译才能运作。绘画和音乐不需要转换就可以工作。我们在晚餐时继续我们的问答环节。我们把文字和我们的食物一起吞下，大量地吞下。但要小心，亲爱的，你的共餐人是决策者，是记者。时区的问题就算了吧。文化资本主义并不关心瞌睡。时差，啊，是的！这是重要的。就像资本主义本身：东京关闭，华尔街开启。你的小**谈话**表明了巴黎此时此刻的动向。——你觉得东京怎么样？这是你第一次来东京吗？令人惊

[①] "面包与马戏"（拉丁语 *panem et circenses*）比喻一种肤浅的愚民政策，最初是指古罗马政治家向穷人发放救济，包括提供廉价的食品和昂贵的娱乐，以便最有效地行使其政治权力。出处是公元 2 世纪古罗马讽刺诗人尤维纳利斯的《讽刺诗》第十篇第 79—81 行。——译注

讶，令人钦佩，但是，你知道，我的时间不多。你会待上一段时间吗？唉！明天早上我在大学有一个研讨会，我要乘新干线去京都。那欧洲又怎样呢？

哎哟，这可真难。这将是一个完整的演讲，甚至是一个一个月或两个月的研讨会。你建议这样做吗？不，这个要求是他们的，不是你的。你知道，我经常出差，而我只是一个巴黎女孩，不谙世故的巴黎人。——来吧，来吧！——你对欧洲这个市场很了解，比我还了解。但是欧洲作为一种文化，它存在，也不存在。这就像一个家庭。——你去那里吧。一个家庭的界限在哪里？曾姑姑（les grand-tantes）和曾侄子（les arrière-petits-neveux）是没有尽头的。外高加索人是欧洲人吗？还有遗产的分享！二十五个世纪以来，欧洲没有一条边界是不变的。嫉妒、绑架、强奸、纳妾、权宜婚姻、乱伦、一枝独秀的霸权。每个人都互相爱慕，互相憎恨。这还没有结束，你知道。我们已经决定在家庭中实现和平，但所有别有用心的人都在那里。而且在文化上，你能想象吗？这是一个怪物。三十种不同的语言，还不算语言上的少数民族，所有可能的宗教，都源于三次启示录，有着所有共居的和邻里的冲突，无论在教派还是在语言上都是如此。更不用说种族群体了，种族群体不一定与语言相对应。说到多元文化，欧洲是无敌的：家庭中只有外国人。唯一真正的共同体是利益，即资本，发展。而欧洲即使是这样也不容易。五十年或更长时间的斯大林主义造成悲惨的人们入侵富裕的欧洲。整个欧洲的发展是不平等的。来自波兰、土耳其和匈牙利的新移民被困在勃兰登堡（Brandebourg），受到年轻失业者们的围困，这些失业者不可避免地排外，正如汉斯·彼得（Hans Peter）叙述的那样。而与此同时，德国资本正在出售旧的东德公司，在乌克兰和俄罗斯抢占市场份额。战争还在继续，不是用武器，而是用金钱。那么，在这场混乱中，文化又如何呢？

嗯，幸运的是，他们不再听我的了。他们把日本在韩国的资本与在整个东南亚的资本情势作了比较。而中国最终会怎么做呢？我不理解，就像他们不理解欧洲一样。毕竟，这就是文化流动的全部内容。文化流变无论到达任何地方，都会消失在沙漠中。语词、难以理解的短语、音乐、图像、美味的礼仪，但从远方来，为了异国情调。有可能逃离旅游的荒诞吗？包括你的荒诞，玛丽。但我们没有时间了。对人的生命来说，这已变得太多了，所有要看的、要听的、要理解的都有了。博物馆太丰富了，实验室工作得太快了。睡觉去吧！我们明天一早就要开工。感恩和告别仪式、施礼后，我们上了出租车。

凌晨一时，酒店大堂里坐满了生意人。人们用世界上所有的语言来商谈。除了谈论其他事务，也谈文化。你在这里做什么，玛丽？这个手工制作的反思性思维的小珠宝，外面还有一些资本对它感兴趣，不是吗？有几个收藏家？能持续多久？我们将拭目以待。也许你看不到了，老姑娘。尽量少抽烟吧。

2. 市郊结合区

　　你必须通过郊区进入城市。郊区居民的短语是抱怨：我们不再住在任何地方，既不在外面，也不在里面。维庸（Villon）关于自己是个孤儿的感叹已经在古典城市的街区引起共鸣。现在，这样的抱怨正在向现代大都市的中心蔓延。坏男孩、迷失的女孩、市郊结合区的孩子们在周日来到市中心，唱他们无头无尾的歌谣。他们背诵散文诗。他们让诗歌艺术感到困惑。他们的名字是波德莱尔（Baudelaire）、魏尔伦①（Verlaine）和兰波②

---

　　① 保尔·魏尔伦（Paul Verlaine, 1844—1896），19 世纪法国早期象征主义诗歌的代表人物，其诗歌具有优雅、精美和乐感等特征，尝试摆脱诗歌的传统的题材和形式，在法国诗歌史上占有重要地位。——译注

　　② 阿蒂尔·兰波（Arthur Rimbaud, 1854—1891），19 世纪法国早期象征主义诗歌的代表人物，超现实主义诗歌的鼻祖。他与诗人魏尔伦的同性爱情也深深影响了他的作品。代表作有：《醉舟》(Le Bateau ivre)、《幽谷睡者》(Le Dormeur du val)、《元音》(Voyelles) 等。——译注

(Rimbaud)。阿波利奈尔①（Apollinaire）以"区"（Zone）作为《酒》（*Alcools*）的开篇："你阅读那些夸夸其谈的传单、目录和海报/这就是今晨的诗词，还有一份专门的散文报纸。"这个"区"是希腊语中的环城线（la ceinture），既非乡村，也非城市，而是另一个地址，它在地理位置汇编中并未被提及。

在《骰子盒》（*Le Cornet à dés*）的序言（1916年）中，马克斯·雅各布②（Max Jacob）引出了孤儿作品（l'œuvre orpheline）的两个特点，即风格和情势："风格或意志进行创造，即分离。情势则是拉开距离［……］。我们认识到，一部作品有风格，是因为它给人以封闭的感觉；我们认识到，一部作品的处境，是因为我们受到的小冲击，或者处于围合它的边缘……"作品以其与一切事物、与作者、与主题、与任何来源的距离来束缚自己。"散文诗是一颗宝石"，一颗小小的三便士宝石，布莱希特（Brecht）和库尔特·威尔（Kurt Weill）也为散文诗规定了间离效果。③散文诗是流浪者的随身小物品。它飞走了，它和它的小偷一起飞走了。它是多拉尔（le taulard）的荣誉和让·热内（Jean Genet）的贫民窟。

大城市的这些边缘地区并不是新近才有的。罗马和亚历山大也被不确定的郊区包围，在那里，孤儿院和游手好闲是当时的主流。毕竟，耶稣的形象仍然萦绕在波德莱尔、阿波利奈尔和马克

---

① 纪尧姆·阿波利奈尔（Guillaume Apollinaire, 1880—1918），法国著名诗人、小说家、剧作家和文艺评论家，法国超现实主义文艺运动的先驱。代表作有：《醇酒集》《图画诗》《异端派首领与公司》《被害的诗人》等。——译注

② 马克斯·雅各布（Max Jacob, 1876—1944），法国诗人、作家、画家、评论家，在象征主义诗派与超现实主义诗派之间起了沟通作用。——译注

③ La distanciation，德国戏剧家 Brecht 的用语，指演员与角色、观众与剧情要保持一定距离。——译注

斯·雅各布的脑海中，耶稣被市郊结合区居民的怨言所围困，被那些一无所有的人们的怨言所困扰。在西方，社会不是一个既定的概念。社会设法组成和调节自己的存在和自己在世界上的存在；社会分解和破坏自己的陈规陋习、奴隶、农民、手工业者、矿工、旧工厂工人和所有未来的雇佣劳动者吗？通过数以千计的插曲，社会通过拆解自己来制造自己的姿态始终不变。这场形而上学和都市主义盛宴的鲜明画像和组成成分在该地区交织了它们的命运：人们进来，出去，经过。郊区是西方灵魂对社区和宜居时空进行探究的永久性事后思考。

这种探究或探查（*historia*），顽强地重新开始，既首创又破灭，都处在栖居方式中，就像哲学（la *philosophia*）、教化和批判，不停地组织和瓦解种种思考方式。哲学并不**在城中**，哲学是思考之城，而城市是思想的骚动，当思想失去了其栖息地，失去了自然，思想就会寻找其栖息地。

那位现代哲学家以模棱两可的方式栖居在大都市中。他被贬到了大都市的边缘，也占据了大都市的中心。1631 年 5 月，笛卡尔在阿姆斯特丹写给格兹·德·巴尔扎克（Guez de Balzac）的一封信中，赞扬了地主在熙熙攘攘的贸易人群中默默无闻地为思想提供闲暇。伟大的共和国港口在沙漠中接待哲学家，而其他人群则在沙漠中相互碰撞、相互抵消。这是一个很好的地点，也是一个很好的时间，来制定一个完全被推演的城市、一个社区和一个基于自身想法的计划。同年，雅克·勒梅西埃 ① （Jacques Lemercier）

---

① 雅克·勒梅西埃（Jacques Lemercier, 1585—1654），17 世纪法国著名的建筑师，是法国巴洛克建筑"三杰"之一，他建造的钟表馆（Le pavillon de l'Horloge）标志着卢浮宫的建筑中心。——译注

也开始在法国乡村中间推演黎塞留城（la ville de Richelieu）。一段时间后，《谈谈方法》的哲学家预测了思想的激进城市化：与大城市一样，有必要清除历史财富留给思想的"破碎"遗迹，以便"从一开始"（dès commencement）就立即重建其计划。

城市的哲学和哲学的哲学可以不那么宗派化。从霍布斯到约翰·罗尔斯，哲学都不太相信开始（des commencements）。哲学在旨趣之间、激情之间、思想之间确立起**流动**状况。哲学试图找到一些原则，使它能够利用传统赋予它的手段来调节它观察到的流动。但无论是被推演出来的还是被归纳出来的，城市都是所有现代哲学考虑的对象。而且，无论是概念性的，还是经验性的，现代哲学都把自己表现为认为城市需要修正和重塑的头脑。在乡村，这种批判性清洗和形而上学的再污染之间的摇摆是不可能出现的。对奠基生存（les existences）的绝望和给予生存以庇护的决心，对真实（le vrai）的怀念和对不稳定的疲劳，隐入学究沙漠和参与斗争这样的对立欲望——所有这些通道勾勒出了不确定的区域，而城市哲学家在这个不确定区域测试和思考一个永无止境的安居（une installation）、西方的安居。

今天和明天的巨型城市乍看之下不过是将大都市延伸到其边界之外，在郊区增加一圈新的住宅区，同时也增加了疲劳、不确定性和不安全感。但在这种简单的延伸之下，显露出一种与大都市的形而上学截然不同的在世界中一起存在（l'être-ensemble-au-monde）的哲学。

如果城市（l'*Urbs*）变成了星球（l'*Orbs*），区域变成了整个城市，那么巨城就没有了外部。因此，巨城也就没有了内部。自然处于宇宙学的、地质学的、气象学的、旅游业的和生态学的控制之下。大自然处于控制或保护下，处于保留之中。人们不再**进入**巨城。巨城不再是一个需要被重新开始的城市。古老的"外部"、外省、非洲、亚洲，都是它的一部分，并以各种方式与西方土著人混合。一切都是外来的，也就没有什么是外来的。

位于老城和自豪的市中心的美丽的形而上学建筑被保存在博物馆的房间里。在现代郊区之外，新的"住宅区"(Zones résidentielles)（完美的矛盾词，如果你真的不能在该地区居住的话）渗入田野、树林和沿海山丘。这些幽灵般的区域，有人居住，也有人逃离。它们的触角从一个社区编织到另一个社区。它们在以前的城市体之间形成了一种间隙性的结构。人们把这个过程称作"集合城市"(conurbation)。该过程将旧郊区包围在历史中心周围。

当工作中的"真实"在场变得多余时，阻碍巨城疯狂扩张的最后一个障碍将被移除。生产者的身体已经是一种陈旧的东西，就像时钟和运输工具一样。远程通讯和远距生产不需要精心设计的城市。从新加坡到洛杉矶和米兰，巨城环绕着地球。虚无与虚无之间的整个区域将自己从持续的时间和距离中抽离出来。每一个栖息地都变成了一个舱体，舱体里的生活就在于发送和接收信息。

我粗鲁地描绘这种景象，因为它是微不足道的，很容易识别。随着巨城的出现，西方所实现和传播的是它的虚无主义，西方称之为发展。发展向哲学家提出的问题是：当任何对象的呈现都遭受通道的不真实性侵袭时，还有什么是有价值的？剩下的就是呈现的方式。自然和艺术之间的区别消失了：在没有自然的情况下，一切都成了艺术或巧计。发展是一个抽象的概念，一个引导词，除了小数点之外，它什么都不引导。至于生存，大城市是以美学方式生存的。集合城市的怪物与后现代哲学家在泛化的美学点上相遇了。而他们正是在这一点上彼此错过了对方。

*

我从马克斯·雅各布的"立体主义"开始，因为立体主义是虚无主义，即区域虚无主义在画题中给出的最严格的标志之一。他的"风格"，也就是布拉克（Braque）和毕加索的风格，将物体和身体分解成平面和草图。他的"情势"回避了作者、主题、观众和形式。他想要的绝对是关系的虚无。浪漫主义的"生活"原则及其在象征主义中的持续存在都被拒绝了。

在阿多诺（Adorno）之前，西方是否有一位哲学家能将思想提高到这种写作和这种艺术的虚无主义高度？人们引用了斯宾格勒（Spengler）和尼采。但前者不过是后者的瘦弱版，这被平淡无奇地论证了。至于尼采，他或多或少的转述的思想确实给现在完全成为孤儿的作家、画家和音乐家带来了绝望的希望（l'espoir désespéré），但尼采并没有成功地使"一无是处"去伪存真。过分褒扬和片段式写作并没有中断，而是加强了浪漫的和象征的关系。查拉图斯特拉的诗意散文，就像后期海德格尔的晦涩文字，很适合表达对"最后的神"(dernier dieu) 到来的期待。它仍然在预言，就像人们所说的前苏格拉底人在他们的时代所预言的那样；而在巨城的人造灯光下，这个环境对没有悲情的简洁是有利的。维特根斯坦、格特鲁德·斯坦因 ① （Gertrude Stein）、乔伊

① 格特鲁德·斯坦（Gertrude Stein, 1874—1946），犹太人，美国小说家、诗人、剧作家、理论家和收藏家。受詹姆斯、柏格森、毕加索等影响，她的作品标新立异、独树一帜。——译注

斯（Joyce）或杜尚^①（Duchamp）似乎是比尼采或海德格尔更好的"哲学"头脑——我所说的更好的意思是：更有能力考虑到西方在 20 世纪前四分之一的时间里所助产的无望的虚无；我说的"哲学"是指：如果哲学思考真的是一个"风格"的事情，那么这就是瓦莱里^②（Valéry）以其非常法国的新古典主义方式在《莱奥纳尔与哲学家们》（*Léonard et les Philosophes*）中得出的结论。

一个风格的问题，我相信正是通过这个问题，哲学才在今天受到了搅动、威胁，既被诱惑又被怀疑。在市中心和郊区，哲学一直是关于存在于世界和一起存在的问题的智慧。哲学询问何谓栖居，而城市增加了试图回答这个问题的尝试，制定和取消哲学的计划，在哲学的历史和概念之间来回移动，在外部和内部之间追踪其边缘。以同样的方式，哲学家建立和拆除体系，努力建立基础，分析思考猖獗的虚无主义，既展开这种虚无主义，又掩盖这种虚无主义。

但现在的城市已经不受巨城的限制。它没有一个外部和一个内部，而是两者集合在一起，就像一个区域。同样，形而上学是通过思想的外部概念来实现的城市化，当这个外部、自然、现实、上帝、人在批评的作用下消解时，形而上学似乎就失去了动机。在问题和论证中起作用的否定（la négation）反过来影响了它自己。虚无主义不能继续作为思想的一个对象或一个论题；虚无主义影响了作为哲学话语的神经的辩证模式。虚无（le rien）要

---

① 马塞尔·杜尚（Marcel Duchamp, 1887—1968），法国艺术家，20 世纪实验艺术的先锋，达达主义和超现实主义创始人和代表人物。——译注

② 保尔·瓦莱里（Paul Valéry, 1871—1945），法国象征派诗人，法兰西学院院士，代表作有：《旧诗稿》《年轻的命运女神》《幻美集》等。——译注

求思想不把它当作其批判性论证的产物，而是当作其反思性写作的风格。

哲学家不能通过"做美学"来偿还这种风格的债务。两个多世纪前，当美学作为其学科之一被引入哲学时，就立即宣告了论证帝国［话语的巨域（l'*Urbs*）和星球（l'*Orbs*）］的衰落。美学将方法（la méthode）、逻辑方法（*modus logicus*）相对化，将逻辑方法与方式（la manière）、审美方式（*modus aestheticus*）对立起来，正如康德所说。尽管康德为了把握审美事实而对范畴进行了微妙的扭曲，或者因为这些扭曲，没有什么可以阻止方法成为方式的一个特殊案例。思辨浪漫主义（如果可以允许我走这条捷径的话）再次建立了一个基于方式的自然体系。但对于方式来说，忽略基础、系统和自然是至关重要的。

简而言之，哲学家的思维似乎正在经历一种类似于影响人类在巨城生存的那种突变。我们会说这两个运动似乎属于普遍审美化的同一个过程。这个假说很诱人。哲学将在其中找到一种镇静剂：在打击它的失职中，它将只是分享社会在闲置的巨城中所经历的磨难。然而，我们必须批评这种安慰性的诊断，并接受我们的遗憾。

首先，我们必须将审美与文化和艺术分开。这种划分是一个原则问题，正如历史-经验（l'historico-empirique）与先验（le transcendantal）之间的划分。但这种划分在实践中也是可以观察到的。

文化是战略中的一种手段。先是向专制者和教士开战，后来是向阶级敌人开战。被压迫者的良知被敌人的价值观侵蚀。这种良知将通过培养自己来解放自己。战斗人员必须在思想上得到解放，才能在现实中解放自己。这是每一个教育和革命计划的恶性循环。让孩子走出这个循环的节点是，他长大了，吸收了文化，并在实现文化时又遗忘文化。但对被剥削的年长孩子来说，文化被管理得太晚了，既是太晚了，也是太早了。他们不能再实现这种文化，但他们仍然可以相信这种文化。教育很快就变成了宣传。

这就是世纪之交德国社会民主主义的文化政策的命运。其动机似乎是好的：继承**启蒙**（*aufklärer*）计划，在郊区建立开明公民和自觉工人的社区。但这些机构被大萧条、大战和纳粹主义扫地出门了。这是民主同化没有完成的标志。当虚无主义释放出它的暴力时，群众就会失去他们的精神。失去的精神被称为无意识。纳粹的文化政策以无意识为目标，以调动无意识的能量。其目的是向受苦的人民灌输他们最初命运的寓言，也就是把欧洲从虚无主义的颓废中拯救出来。作为政治的和宣传的"文化"的赌注恰恰是鼓励这种偏执的幻想的行动。文化政策成了政治的本质。社区"自我重建"的方式是走上舞台，为其粗野的移情提供英雄人物。虚无主义只有通过被内化为一种神话般的美学才会受到打击。政治艺术是"文化"，而"文化"是指导移情的艺术。被安排在"生动的"建筑中，群众看着自己模仿一种古老的权力意志的胜利。

这种扭曲变态现象不是偶然的。它并没有随着纳粹主义的失败而消失。毫无疑问，文化的"内容"发生了变化；第二次世界大战后，负责调动无意识能量的角色有所不同。这些角色针对的是居住在巨城的个人，而不是一个民族的公民、工人或男子，即巨城的居民。文化操纵着人们对发展（包括文化）的渴望，而不是对正义、平等或命运的渴望。而媒体为胜利的资本主义自由主义的文化政策提供了审美化的巨大可能性。这是当今的通病，我就不多说了。只需指出的是，巨城的文化机构提出的那些角色的竞争性多样性，对这一政策是至关重要的。这种多样性确保了这一政策的许可性，并由于"好对象"之间可能的比较而赋予它一种批评的气氛。这种复多的审美倾向于把我们的文化变成一个博物馆。

对象或内容，变得无足轻重。唯一的问题是它们是否"有趣"。无动于衷的东西怎么可能有趣？当对象失去其作为对象的价值时，保留价值的是它所呈现的"方式"。"风格"成为价值。正是在"风格"上发生了移情。美学是巨城对因缺乏对象而产生的焦虑作出的回应。博物馆作为巨城特有的文化机构，是一种区域。所有的文化都悬浮在他们的别处和我们的这里之间，这本身就是他们消失在这里的别处。

但这种博物馆美学必须保持在想象的法律之下。它必须"有趣"，也就是说，提供方式，当然，也必须提供风格，而不是对象，但对安全或保护的要求（防止荒废的焦虑）可以像对象一样附加到这些对象上。无论它们多么不同，所有被允许并悬挂在博物馆里的方式都处于与崇拜对象相同的规则之下：这些方式必须是"好的"或"坏的"，（让自己）被爱或被恨。这是力比多市场（le marché libidinal）上的供求规则。

但这根本不是今天的哲学家被迫面对的审美。我不会描述在所有哲学学科中显而易见的无数迹象或路径，通过这些迹象或路径，这一新路线正强加于思想。我只想说这一点，这与我们的观点直接相关：现代主义是人文主义，是大写的人（l'Homme）的

25

宗教。有一段时间，大写的人是最后一个免于虚无主义侵袭的"对象"。但很快就会发现，这个对象也将不得不被摧毁。人文主义留下的最终指示是：人只有通过超过他的东西才成其为人。

这种超过的谜团无疑一直使哲学家感到惊讶。但是，在当代虚无主义强加给他的审美框架内，这个谜团必须被认为是"在场"，通过"在场"（présence），与其并无关系的绝对在形式中产生了一个符号，而这就是相关。我说的就是，例如，马克斯·雅各布意义上的风格和情势，正如我们在开始时所说的那样。在这里涉及的东西与想象需求的美学完全不同。这里涉及的是在两个多世纪前或更早时候那场著名的和决定性的古代派和现代派之争，即古今之争（Querelle）中所捍卫的，是以朗吉努斯（Longin）的《论著》① (le Traité) 所称的崇高 (le sublime) 为题进行的辩护和阐述。

没有崇高的对象。如果在审美领域有对崇高或绝对的要求，就一定会失望的。当商业掌握了崇高，商业就会把崇高变成嘲弄。也不存在崇高的美学，因为崇高是一种感觉，它从感性（l'aisthesis）之虚无缥缈中获得苦涩的快乐。因痛苦经历了任何物体的不一致，崇高也是思想的升华，超越了可以在场的东西的界限。绝对的"在场"是呈现（la présentation）的反面。"在场"使符号逃避符号学，如同逃避现象学一样，虽然符号涌现为呈现一个敏感的而且合理的现象时所产生的事件（événement）。

敏感的东西总是在这里和现在，以形式呈现。但是，形式上的艺术品（l'artistique）或者艺术性（l'artistique），是一种姿态、

① 朗吉努斯（Cassius Longinus）是古希腊作家、美学家、文艺理论家，是普罗提诺的学生，他的唯一传世作品是《论崇高》。——译注

一种音调、一种音色，是栖居在形式中的同时又超形式的欢迎和想要。艺术品之于文化，就像欲望的真实之于需求的想象。绝对（l'absolu）就是那个超越所有形式和对象而又不在它们之外的那个东西的空洞名字（对巨城的哲学家来说是空洞的）。对形式和方式的需求可以变形，就像风格和文化可以改变。但欲望，因为其对象是绝对的，所以是无条件的。如果杰出的艺术品能够经受住文化在历史进程中所经历的沧桑，那是因为作品的姿态是一种永远无法满足的欲望的**标志**（*signe*）。任何将艺术品还原为文化现实的做法都是对欲望的否定。

在审美化的巨城中，哲学家发现身处，或者迷失于照顾或关注作为绝对的虚无的位置。一个相当可笑的位置……他作为一个知识分子在城市中为城市而失去了自己，因为城市失去了自己。他作为概念和概念大厦的主人而迷失自己；在这方面，他必须去科技学校。现在已经不是他考虑为思想建立一个大都会的时候了，因为现代社会使他成为普遍性的老师，赋予了他任务和荣誉。相反，必须判断与共同体一起或反对共同体而进行思考，介入党派或将自己交付给无论某个人这样的诱惑都是徒劳的或危险的。

这种幻灭（désabusement）不是以现实主义的名义，而是以绝对的名义发生的。如果希腊语 *phrazein*，即措辞，默默地给出一个信号，是唯一可以归于绝对的信号方式，那么我可以想象巨城中的哲学家致力于措辞（la phrasophilie）的癖好。这将是他在这个世界上的卑劣的存在方式。没有隐居地或象牙塔。也没有承诺、宣言或声明——除非每个公民必需的诚信要求它。更不是对神学和宗教信仰的隐晦回归。

这将更像是对可见事物的斜视，发散得足以让人瞥见不可见的东西。耳朵足够聋，不会被形式的旋律和和谐所诱惑，耳朵足够精细，可以接纳音色和细微差别。对审美巨城的诱惑无动于衷，但被这些诱惑在向它显示时所隐藏的东西所影响：对绝对所缺乏的东西作出无声抱怨。

但是，作为巨城中生存方式的被调节的美学是否真的如我刚才所说的那样"表现和隐藏"了绝对之缺乏的痛苦？或者说，这种痛苦仅仅是哲学为了使它赋予自己的角色合法化而需要的一种虚构？

巨大的区域里有数十亿条沙哑的信息在响动。即使这个区域的暴力、战争、叛乱、暴动、生态灾难、饥荒、种族灭绝、谋杀，也像节目一样被播出，上面写着：你看，这不是好事，它需要新的规定，我们必须发明其他形式的社区，它将会过去。因此，绝望被看作是需要纠正的无序，而不是不可补救的缺乏的标志。

这种欲望的丧失和所有标记在管理想象中的失势给了这个巨城一种奇怪的风格，一个既不稳定又舒适的区域的风格。巨城的真理在这种风格中被耗尽了吗？它是否没有留下任何遗迹？当今天的哲学家或作家或艺术家坚持倾听自以为在这种风格中听到的无声抱怨的绝对之缺乏时，他是不是疯了？即使是在巨城日常生活中，也有苦难，有**这**种苦难吗？这不就是像塞琳（Céline）那样的写作必须见证的苦难，即使这意味着要走到黑夜的尽头？写作，尤其是反思性的写作，今天的哲学家的写作，难道不是必须通过把它从作为我们富人区的生存之无菌性死亡中挣脱出来而赢得不朽的荣誉吗？我们永远不会**知道**，这就是我们所说的知道。

在任何情况下，巨城都是被完全组织起来忽略和忘记这些问题、这个问题。然而，遗忘之遗忘仍然足以表明，写作——艺术、文学和哲学的结合——坚持见证还有其他东西。

3. 图形设计师的悖论

——他们一定是被困住了。很少有行动的自由。不只是强烈的约束，而是几种不同的约束。他们在这张网中像疯子那样挣扎。每个人都以自己的方式。每个人都在大声喊叫自己仍活着。图形设计师万岁，但活着对一个图形设计师来说意味着什么？反正就是要活着。所有这些制约因素叠加在一起，也许每一个因素都是特别的，都是令人羞愧的。

——什么约束呢？

——最大的约束是显而易见的：要让人喜欢，要有说服力，要正当。我的意思是：对象（我称它为图形设计师工作的成果）给人的目光（le regard）以愉悦；对象在观者（le regardeur）中引起一种愿意去（在两种意义上：去，去相信）表现、展览、机构等的意愿，对象忠实于它所宣传的事物（机构、展览等），忠实于它的文字和精神。

——你的意思是：以眼睛的乐趣为目标……

——眼睛使人的头脑不是为了认识，而是为了享乐……

——通过对这种快乐的追求，对象就在美学的一边；通过对信仰的追求，它就在修辞的一边。而通过尊重事物的真相……

——或者通过揭示它……

——事物的真相得到了促进，图形对象具有了证据的价值，图形对象属于证明的艺术，属于调查，属于历史，属于知识的建立。

——他们同时是艺术家、律师、证人、历史学家和法官。

——为什么是法官？

——因为他们解释。他们也是解释者（des interprètes）。如果对象所指的事物没有得到一种解释的支持，那么，忠实于对象这会是什么呢？忠实性的存在只是因为不忠实是可能的。用物体来代表事物，**在字面上**会是什么？一张简单的照片解释了它的主题。"文面"是要被破译和解释的。以一部电影、一个展览、一个惯例、一部戏剧的标题为例。让我们说它是这些东西的字面。它将它们与一般的标题表（例如作品目录）中的其他事物区分开来，但仅仅是通过对照。它说的**并不是**有题名的事物；它几乎没有说它是什么。不过，图形设计师必须说它是什么或他认为它是什么，尽管他是在把事物的标题转移到物体上。他将红色或蓝色的东西视为具象的或抽象的、现实的、超现实的、概念的。他解释了这种东西。他把标题铭写在物体上的方式，他放置标题的方式，他为这个铭写使用的字体和字母体，所有这些都是解释。这么多的判断。

——艺术是自由的。那么，在所有这些限制下，图形设计不是艺术吗？

——首先，艺术是不自由的。它是在每个层面的约束中的自由，无论是有意识的约束，还是无意识的约束。但是，美学又是一门艺术，是产生纯粹的（无利益的）快乐的艺术，或者是体验快乐的艺术。修辞学是劝说的艺术。历史是讲述真相的艺术。而解释是解释学的艺术，也许是所有艺术中最难的一种。解释的规则几乎是未知的。我们只知道负面的规则：不要给被解释的事物添加任何东西，不要让它说的和它说的相反，不要忽视以前的解释，不要把一个解释强加为确定的。犹太教经典（la Tora）的读经传统已经在《圣经》文本中勾勒出一些积极的规则，区分了经文的字面意义、秘密意义、道德意义和寓言意义。

——图形设计师们知道这一切吗？

——他们不需要知道这些规则，这些规则的规定性并不强，他们可以把一些东西作为图形对象来解释。他们最好是承认不知道。因此，图形设计师的自由，被束缚在他们的约束中。想象一下（一定会发生的），他们得到了一个"主题"，比如说一个公共纪念活动的海报。你会看到，从这个场合诞生的各种对象中，解释给他们留下了多大的行动自由。

——你的意思是，有些人会强调说服力，有些人强调其对象在美学上的优越性，第三种人则强调其作为证词的真实性？

——不仅如此。相反，每个人都会诉诸纪念活动的字面意义、寓意和其他意义，即海报要纪念和表彰的事件。以法国大革命 200 周年为例……

——不客气。你说，这些只是最明显的最大限制。那还有什么呢？

——在我们继续之前还有一个词。这个词就是**使人惊讶**

(intriguer)。

设计师的对象必须引人入胜。通过引人入胜，它同时满足所有的限制。美丽的东西会让视线停下来，让目光不再不断地扫描这个视域（这就是普通的视觉），视觉思维会暂停，而这种暂停是审美愉悦的标志。这就是所谓的沉思。我们等待，我们流连忘返，我们想知道为什么，看到（大卫①的）"贺拉斯"在瓦尔密②平原的掩护下宣誓，我们是如何感到愉悦的。但是，令人信服的东西也令人惊讶，或者更确切地说，令人惊讶的东西本身就是有说服力的。好吧，有人说，我没有想到（像这样再现革命）。你来到这个对象面前，仿佛它是你从未想过的东西，但你马上就能认出它是你自己的。就像一个梦，一个笔误。还有什么能比笔误更有说服力呢？可以肯定的是，它意味着你所想到的什么，但忽略了它，忽略了什么，也忽略了你想到了它。也许在好的图形设计中也有一个笔误，就是**你**，也就是观众，对所允诺的事情的笔误。"La liberté de Mande la libertheid"为曼德拉的解放发出了呼声，就像梦境为日间的遗迹发出了呼声。此外，耐人寻味的是，最重要的是一个真理的证据迸发出来，它顽强的痕迹，不是一个被精心扭转的论证所巧妙地带来的观点，而是一种直接的"可塑的"

---

① 雅克–路易·大卫（Jacques-Louis David, 1748—1825），18 世纪法国新古典主义奠基人之一，著名画家，代表作有：《贺拉斯兄弟之誓》《处决自己儿子的布鲁斯特》《侍从官抬着布鲁图斯儿子的尸体回来》《巴黎和海伦娜的爱》《萨宾尼的妇女》《马拉之死》《苏格拉底之死》《卢森堡花园景色》《拿破仑一世的加冕仪式》等。——译注

② 瓦尔密是法国马恩省的一个村庄。1792 年 9 月 20 日，以法兰西革命军队为一方，以奥普联军及法侨保皇党分子支队为另一方，在瓦尔密地域发生了一次交战，史称"瓦尔密战役"。法国画家贺拉斯·贝内特（Horace Vernet, 1789—1863）画有战役系列《瓦尔密战役》（1826）。——译注

确定性。还是举一个例子？男人的脸，女人的脸，正面特写，被一种垂直的撕裂分隔开，通过这种撕裂相互监视，他是强烈的蓝色虹膜，她的目光被同样的蓝色所掩盖。一出戏剧《油墨眼》（*Les Yeux d'encre*）的海报。性差异的可塑真理：分隔之墨在蓝色目光之间移动。

——对你来说，使人惊讶，这总是要阻止时间的流动。

——因为在图形设计中，时间是我想到的更微妙的约束之一。在谈到图形设计时，有很多关于沟通的话题。但我们有更多的东西，如果沟通意味着传递信息。从严格意义上讲，一条信息给出了信息。换句话说，就是对一个精确的问题给出一个答案或一组精确而有用的答案。现在我们"有"语言：对话、采访以及它们所有的分支，电话、广播、传真、电脑、报纸、传单，邮件。它们中有些是媒体的特征，有些是传输和传播过程，有些是互动的，有些不是，等等。在人类社会中，从来没有像今天这样有这么多的谈论。我们非常高兴拥有这些交流手段，似乎首先是要确保它们的存在。信息，也就是回答问题的信息，在相当大程度上被忽视了。在所有的媒体上，都有大量的假问题，那些人人都知道或猜测的答案。我们不提供信息，而是安抚：啊，这就是我所想的。与令人惊讶相反。我们开始感到厌烦。我们向往困惑。我们等待着事件。

——图形设计是关于沟通的，不是吗？它告诉人们它所宣传的东西，它回答问题。这毕竟是它的见证功能。

——在某种程度上是这样。但图形设计也属于视觉艺术的范畴，它的情况更复杂：它诉诸可见的组成部分：色度、不动的二维空间的组织、绘画、描摹。在这方面，它是绘画、雕刻和摄影的表兄弟。你知道，我们可以把许多属于传统的绘画作品、版画和照片看作是图形设计。它们也通过视觉手段向同时代的人提供信息。看看锡耶纳博物馆里的数百幅带着孩子的圣母像。或者看看总督府公爵厅里的巨幅战斗画作。然而，我们感兴趣的并不是它们的信息内容，而是它们的美或真。它们是审美事件。一种视觉方式的绝对证据。一种处理空间、深度、光线、颜色或简单说来处理主题的方式。天使报喜（l'Annonciation）是一个古老的主题，但圣罗科学院（la scuola di San Rocco）的丁托列托 [1]（Tintoret）的天使像导弹一样砸碎了圣母玛利亚的墙壁，而西蒙·马丁尼 [2]（Simone Martini）在乌菲斯（Offices）的天使则在金色背景下向圣母玛利亚（Marie）发出了颤抖的"爱"。他们都在解释通过视觉手段被书写的同样的"事物"。两者都是忠实的。

——你谈到了图形设计师的时代，而在这里，我们处于画家的空间。

——你会认为在这里用类似的标准，即审美标准，来比较我们正在介绍的图形艺术家是不体面的，但也不会是困难的。光线、线条、色彩、空间构成等就是审美的标准。如果不是画派，至少也是趋势——有时会有相同的图形设计师。由于我不能对所有的人发表评论，所以我不会对任何一个人发表评论。但他们的事就是都必须以任何方式使人惊讶。

---

① 丁托列托（Tintoret, 1518—1594），意大利文艺复兴晚期著名画家，擅长利用透视和光线进行绘画创作，是威尼斯画派"三杰"之一。代表作有：《神圣家族》《圣保罗的皈依》《埃丝特和亚哈随鲁王》。——译注

② 西蒙·马丁尼（Simone Martini, 1284—1344），意大利文艺复兴早期锡耶纳画派画家，哥特式绘画最杰出的代表。代表作有：《梅思特》《通往十字架之路》和《天使报喜》等。——译注

——但令人惊讶具有的这种约束是由于美，正如你所说的，是由于潜伏在色彩、表面和线条中的出乎意料的情感的力量。还正是图形设计师中的艺术家忍不住要唤醒这些力量，以释放出敏感事件永不枯竭的潜力。

——这是真的，但这还不是全部。可见物的力量的释放为这种时间性提供节奏，这种时间性并不完全是它们的。这些力量还必须使人惊讶，因为它们必须面对路人，面对过往的目光，面对被信息饱和、变得麻木并厌倦新事物威胁的头脑，而这些新事物无处不在和一成不变，面对那些已经很忙，特别是全神贯注于交流，而且是很快交流的不可用的思想。图形的目的是把他们从普遍化的交流的舒适沉睡中唤醒，停止他们缓慢的生活节奏，使他们失去一点时间。

——但总的说来，这种损失毕竟是有利可图的。精美的电影海报填满了电影院，简洁的标识通过吸引注意力来宣传公司，它鼓励商业交换、消费，它将加速沟通。你的时间浪费是一种收获，可计在营销中。他们的图形商品可以使商品流通。他们的图形商品起促进作用。无论是文化的并具有公共或社会利益，还是供私人使用并具有私人利益，当文化是市场的一部分并且公共被私有化时，这种差别在现在就都是无意义的。对于一个好的图形对象来说，通过商业上的成功或声望，一点点失去的时间可以为所推"事物"的幸运的所有者或经营者带来大量的金钱。

——你的观察一般来说是正确的，但太笼统了。事实上，文化是一个市场，你有什么理由不说同样的话呢？三十年前，有人说，电影是独一无二的，因为它既是一种艺术，也是一种产业。那建筑呢？戏剧呢？出版业呢？展览、音乐会和唱片呢？你没有说的是，如何才能成就一张**好的**海报，一个**好的**标志……在这里，我们触及我所说的约束因素了。图形设计不只是适合卖东西。当然，你可以把它归档，收集它，展览它——这就是我们在这里所做的。在这样做的时候，你暂停了我们已经确定的一些目的：说服、见证。你所做的是取悦，这超越了场合。你把图形变成了艺术作品。但你搞错了，你弄错了。图形对象**本质上**是看情形的，与它所宣传的事件不可分割，因此也与它发生的地点、时刻、公众场所不可分割。诚然，天使报喜仍然像《新约》一样具有时效性。即使是一幅关于加冕或胜利的画，只要王朝或政权持续存在，它就会一直存在。但是，现代电影院的电影节目呢？一个所谓的临时展览？一个政治犯的释放？

　　——我承认这是不可持续的，图形设计师"无论如何"还必须生活。

　　——但是，就像物体所见证的东西不是很持久一样，公众也不是很稳定——我们愚蠢地称之为公众，好像它是存在的。而图形设计师不能不对公众做出假设。这不是一种文明，甚至不是一种文化，在人类学家的意义上。它是一种暂时的感受性的组合，不断地撤销和重组。

　　——然而，公众对其国家或地方传统有某些不变的东西，语言、某种想法，即使是无意识的想法，公众受制于可定义的生活条件、就业、经济增长或衰退。而时代潮流并没有变化得那么快。

　　——但您无法确定这些组成部分的比例，也无法确定图形对象必须针对哪些组成部分来使所述受众感到惊讶。你就只能做假设了。即使对法国人来说，革命也不是一个已经确定的主题，可以通过一个修辞技巧或一个审美姿态轻易地使之生动起来或恢复起来。对希腊人来说，只需要几个托词就能唤醒葬礼演说中的城邦理念，对日本人来说，只需要几个寺庙的外部和内部建筑安排以及神道仪式的几个音乐和舞蹈人物就能唤起众神的存在。在当今社会，大多数动机是不确定的，许多动机是不可预测的（特别是在私人消费领域之外），而图形设计师的艺术是有风险的。当你以为你在感动别人的时候，你可以很烦人，而当你想象自己是愤世嫉俗的，结果你却很真诚。对于巨大的黑暗野兽目前的敏感状态，有一种赌博的意味。

——巨大的黑暗野兽？你是说公众？

——公众不知道自己喜欢什么和不喜欢什么。公众并不作为一种感受性（sensibilité）而自为地存在。公众只是通过情势间接地了解自己，而这些情势不再具有仪式的规则性。图形对象必须构成这些情势之一。图形对象进入了公共情感大陆的中性的、也许是被遗弃的"空白"区域，它被认为是填充了这个区域，在那里吸引了感觉。

——好的图形将是轰动性的吗？

——感觉与轰动性相反。后者可以根据我们认为我们对最普通的情感的了解来计算。它是诱惑的微不足道的模式。一个报纸的老板"知道"他必须在头版的六个栏目中得到什么。但是，美丽的、有说服力的、真实的图形设计并不引诱人。我们被兴趣所吸引，被我们推动的激情所吸引。图形设计师迫使观众暂停他的反应，思考，打断他的担忧。他给观众自由去体验他所想以外的东西，去体验其他东西。图形设计师是一个街头艺术家，一个表演者。（欧洲的、纽约的、日本的）街头是日常公共生活的一个形象，是相遇的场景。街头的遭遇不是悲剧性的。悲剧是在家庭中的邂逅。你在街上遇到的是意外，是"路人"，是行人。作为现代城市的艺术，图形设计完全依赖于文化的、商业的、政治的、功利的"事件"，这些事件都被放在同一个标尺上，受制于同一个无规则的、事件的规则。图形设计在其单调的"过客"中捕捉到了日常的公众，并赋予它另一种尺度，即可能的美和证据。图形设计转换了公众。图形设计给了公众不同的看法，因为它解释了公众，因此也给了公众被解释的机会。这就是为什么图形艺术在**捕捉**。

——这是民间艺术？

——如果我知道今天人民指的是什么，我就愿意称它为民间的。民间艺术，在欧洲和其他地方，是浪漫的 19 世纪的发现或发明，对西方世界来说，它一直持续到大萧条的年代。在大萧条中出现的极权主义政权是很受欢迎的，他们极大地利用了民间艺术，即根植于当地传统的情感，来**动员**人民。但图形设计不是宣传。我说过，图形艺术令人惊讶，因而让人驻足，让人思考。拿一张马列维奇 [①]（Malevitch）或利西茨基 [②]（Lissitzky）在 20 世纪 20 年代创作的至上主义或构建主义海报，然后再拿 20 世纪 30 年

[①] 卡西米尔·塞文洛维奇·马列维奇（Kasimier Severinovich Malevich, 1878—1935），波兰裔俄罗斯画家，几何抽象画派的先驱，至上主义艺术奠基人。代表作有：《白色的白色》《白底上的黑色方块》《黑十字》《黑色正方形》《黑圆圈》《晒干草》《人与马》《复杂的预兆》《运动员》《美术家之妻像》《自画像》等。——译注

[②] 里茨斯基（El Lissitzky, 1890—1941），俄罗斯著名前卫艺术家和设计师，立体主义、至上主义、构建主义的集大成者，原名 Lazar Markovich Lissitzky。他的代表作、宣传海报"Beat the Whites with the Red Wedge"是对俄罗斯内战的直接反应。他对当今图形艺术作出了不可磨灭的贡献。——译注

代中期的苏联海报（同样的主题）。你可以看到"民间的"是如何被后者使用的，而它又是如何被前者搁置的，从各种意义上来说。"人民"这个存在体（l'entité）的解散或消散对于图形艺术家的艺术来说是至关重要的，不管是抽象的还是非抽象的，就像它对于现代城市一样重要。"公众"（public）并不意味着人民，而是指人民的缺席，共同信仰的丧失，是危机时期我们所说的群众。今天，资本主义社会模式在几十年前就解散了民间社区。它正在跨越太过古老的民族国家。

——历史壁画的停顿。

——人民的这种缺失迫使图形设计师去赌博，也让他自由发挥。他对他的对象进行了"控制"，但目标一直在移动。我们不能说他是在与"他的"人民交流，甚至是对话。相反，他依靠的是不确定的、不可预知的，也许是不可能的交流。他是一个没有人的城市和一个没有传统的人群的民间艺术家。他的对象，我们所有人，都被"表演"的单调激情所包围。他的对象只考虑可能的事情，只考虑如他们所说的"可行性"（la faisabilité）。他们匆匆忙忙。他们抛弃过去，如果过去不能被利用的话。"有经验"，这种浓重让他们发笑，这是要被抛弃的压舱物，他们最好是失忆，以便走得更快。

——但我们从来没有做过如此多的实验！

——是的，图形设计师也在尝试令人惊讶的方法。但实验（experimentation）不是经验。展望未来不是生活在过去。图形设计师们通过情势（la circonstance）提供的机会抓住当下。但也因为他们在任何事情上都像同时代人一样，以同样的方式蓬勃发展。他们也在前进，我可以想象，他们也在全速前进。这是一门快速的艺术。但这是一门艺术，而且是现代艺术，因此它的目的是让人惊讶。这门艺术必须快速博人眼球。路人停下来，往回走，察看海报。

——但如果行人只沉思海报及其艺术，那就白费了。如果演出海报不能让路人去看展览，那它就没有完成其职责。

——这就是为什么我一直告诉你，图形设计师被卡住了。他们是艺术家，但他们也是宣传者。他们既要提供自己的作品，又要提供作品以外的东西，即事物。他们的作品是一个物体，除了从它的美感中获得愉悦之外，它还必须诱发其他的东西。这是一种从属的艺术，正如他们所说的"应用"艺术。它要求图形设计师具有仆人式的谦卑，这也许是一种羞辱。图形设计师签署了一份合同，然后他（原则上）可以自主选择他的物体要加以宣传的东西。但合同规定，物体必须促进该事物。所以他解释，但在这里，在一个演员的意义上，他也是一个仆人。就像演员有悖论一样，图形设计师也有一个悖论。他越是放空自己，让自己被事物所占据，物体就越是忠实于它所宣传的事物。忠实不是模仿，而是发明。

——这种悖论是恒定的，但也是模糊的。

——这个悖论如此恒定，以至于需要延伸。谁会说演员（或导演）的艺术是次要的，甚至是二等的？甚至有一种艺术，哪怕是一种高尚的艺术，不包含这种悖论？难道毕加索没有花时间去解释，在这个意义上，去"上演"(jouer)、重演 (rejour) 在他之前（或由他）已经提出的场景、主题、画法？你们看看巴塞罗那的毕加索博物馆里专门用于其《宫娥》变体作品（Méninas）的两个展室中的所有不同版本和习作。它们就像一幅巨大的速写本，用于宣传委拉斯开兹 ① （Vélasquez）展览的海报。

——这样，图形艺术就会揭示出整个艺术的真相？

——是的。当代艺术，纯粹而简单。

——为什么是当代艺术？

——因为那只巨大的晦暗的野兽。如何在它充满惊讶的城市里让它感到惊讶？如何让行人的目光停留在他已经烂熟于心的那位公主的狗上？

---

① 狄戈·委拉斯开兹（Diego Velázquez, 1599—1660），西班牙国王菲力普四世的宫廷画师，画风写实，主要作品有《菲力普四世像》《布雷达守军投降》《纺织女》《宫娥》等。《宫娥》原名《国王之家》，画中的中心人物是国王菲力普四世的小女儿马格丽特·特雷莎公主。巴勃罗·毕加索（Pablo Picasso, 1818—1973）对 *Las Meninas* 尤为着迷，他在 1957 年为这幅作品画了 58 幅变体。——译注

4. 有趣/有利①吗?

　　她：强加的主题：有趣（l'intéressant）。你对此有兴趣吗?

　　他：嗯，我不知道，我们会看到。这是一个最近的词，作为一个名词，除了在"做有趣的事"中，你会允许我忽略它。它的意思并不像形容词（l'épithète）那样，指感兴趣的东西，而是指可能提供兴趣（un intérêt）的东西，如果有的话。

　　她：你的意思是，可能是有趣的东西不提供兴趣?

　　他：是的，这是个语调和机会的问题。这个词可以被巧妙地调节，仅通过声音的重音，有时说："我不感兴趣，我把它留给别人"，有时说："我把它放在一边，我想我要用它来做一些事情，把它放在我的胳膊肘下"，或假装和强迫的惊讶，或礼貌的蔑视："我对它洗手不干了"，或："天呐，可这都是我的事，不着急!"留到最后吧。

―――――――――

　　① Intéressant 一词，既有"有趣的"意思，也有"有利的"意思，还有"值得关心的"意思。——译注

她：从食欲旺盛到完全厌食，含义都不一样？

他：从欲望的火焰到拒绝全心投入。

她：因此，它是一个具有最为相反的价值的词吗？它毫无意义。

他：这很方便。它同时悬置了投入和脱离。它在短距离内保持。总是紧随其后的是悬浮点。声音中的一个细微差别将它推向"是"，另一个细微差别则把它推向"不是"。但它总是说"也许"。这是一个谨慎的词，被我们同时代的人广泛使用，就像其他柔和的词："一丁点""某处"……

她：你的股市顾问，如果他指出了一项有利可图的（intéressant）投资，这很好，同样，他向你保证，你会从中得到高利（intérêt）。

他：当然了。这个词就是这样被用作修饰词。但有一个前提条件，即趋势的变化不会阻碍利息的计算。我的代理人不能完全控制这种情况。有一定的余地，有可能性的余地。通过说"有利可图的……"，我们标出了可能的收入与确定的收入之间的差距。利润可能是不可能的，离单位数（l'unité）相当远，或者非常接近。

她：所以你用这个术语来计算赔率？

他：你的股票经纪人就是这样用的。但这种使用可以远远超出这个范围。当一个艺术评论家从一个无名画家的第一次展览中出来时，如果他对自己说："这很有趣"，他的意思是：这可能是一个值得捍卫的艺术家。如果他毫不犹豫地对他的同事说："有意思……"，对方就会明白他是在放弃。而如果他问他的同事："你觉得这有趣吗？"这意味着他暂时不喜欢它，并可能会提出尖锐批评。在这些情况下有计算吗？

她：有犹豫，并要求有片刻的思考。总会有一段预留的时间。

他：但反思只是意味着期待作品将如何占据批评家的头脑。首先，它是否会要求评论。当批评家开始写作品的时候，他就会知道他有兴趣，以及他感兴趣的东西。兴趣可以通过有关旨趣者同意用在绘画上的文字和短语来加以识别。褒义或贬义，这并不重要。如果作品获得了评论，那么它对批评家来说**就会是**很有趣的，因为他或她已经同意了一个文本的工作和它的风险。

她：一个女人发现一个男人很有趣。她让他知道。这也是她承担的风险，她"强制自己"，正如人们所说的，她暴露了自己，不保证得到"报酬"……

他：实际上，这个情形看起来很相似。但是，她的这番话是在没有利益精神的情况下说的吗？你怎么知道？她知道吗？你相信欲望可以在没有需求的情况下表现出来吗？但需求等待着报酬。至于报酬的重要性，甚至是最后期限，我愿意向你们承认的是，美感是不清楚的，而一种兴趣是在其声明的原则之中，就像批评家的评论一样，这是毫无疑问的。我想说的是，对象是有趣的，这幅画，这位先生，我们在不知道如何定义我们所期望的兴趣的情况下全心投入于它。有趣的是，它也是以一种糟糕的打折扣方式被欣赏的。

她：以放弃收回本金的方式进行投资？

他：没有放弃本金，而是一种**冒险**。

她：这种投资会引起无利可图的兴趣吗？

他：无利可图不是这个词。你笑了，但这个悖论一直是分析

45

审美情感的一个经典主题，至少从康德开始。一种灵魂的处置，没有理由去占有对象，甚至没有理由被其存在所影响。它不满足任何充实、合理或享受的愿望。这就是为什么有人说，品味——赋予美的感觉的名称——不能被论证：它并不依从可想象的合目的性。它当然倾向于被分享，但它不能通过推理得出结论。与辩证法相比，辩证法与股市的计算一样有趣，因为理性，有种种理由对之感兴趣。论辩的结论有利于知性（l'entendement）。知性花费了大量的蕴涵："如果 p，那么 q"，作为回报，知性最终持有一个得以牢固确立起来的确定性："因此 r"。

她：简而言之，你区分了两种有趣的东西，一种叫作无利害关系（le désintéressement），另一种叫作最终的利益（l'intérêt final）。一种是亏损，另一种是盈利。

他：你的意思是：对艺术和爱情的兴趣，对信仰和金钱的兴趣……嗯，不！对这种划分至少有两种反对意见。首先，在这两种情况下，必须从转让开始。你的女士给出了她的陈述，我的批评，她的工作，还有金融家的购买，他将现金和风险投资于可移动资本，而逻辑学家则将"好"谓词记入贷方，这将使他能够计算要证明的命题。也许只有一个吝啬的人什么都不感兴趣，因为他害怕一切可能。对他来说，没有一个"你会拥有它"可以与"你的"相提并论。有趣的事物总是会引起一种与**持有**（détenir）相反的运动，即使这种放手的姿势会立即被抑制，只有通过否认嘲笑才能说"有趣"。但有感情的贪婪吗？不要让自己被任何事物、物体、人、情况所影响，甚至连对它们都不感兴趣，哪怕是一秒钟……甚至不拒绝自己的投资风险：不理会它。

她：这被称为压抑、否认、抑制等。

他：或自我的过度膨胀（hypertrophie）：我们只欣赏自己是什么和自己拥有什么，我们高估了自己，把其余的都当成零。

她：你必须把这种自爱（égophilie）想成是一种安全的投资：至少，我就是我自己，因此我可以毫无风险地被自己所投资。通过这种方式，我们认为我们免去了改变一切的时间，以及他人的徒劳的不稳定。

他：极度贪婪。不是像忧郁症那样失去兴趣，而是退缩并专注于自我。从那时起，自我是木乃伊化的，与自己相等同，自我已经完全按照原样给予了：据说是一个死的生命。但这可能走得太快了。对利己主义（l'égotisme）仍有兴趣，对自己有很大的兴趣，即使它不产生任何好处。没有什么值得拿这堆金子去冒险，但这堆金子却值得一切。它不产生利润，它是利润，是确定性。它一无所获，因为它与任何事情都无关。但不相关是绝对的。在纳喀索斯（Narcisse）与纳喀索斯之间，感兴趣（interesse）就是存在（esse）。

她：你的第二个反对意见?

他：等等，让我说完。自我对自己的旨趣能如此纯粹吗? 如果自我能成为这个纯粹的对象，对时间和它的意外，对他人和他们的要求无动于衷，它就能做到。

她：是的，事实上，吝啬鬼（Harpagon）与纳喀索斯从未停止过要捍卫他们的对象，防止"来自外部"的可能改变。

他：而这个"外部"并不在这个对象之外。每个对象都是不稳定的，包括自我在内也是如此。可能的损失总是包含在它的投资中。

她：因此，这个人只是在旧有的意义上有趣：在自大狂和他的自我之间，障碍物介入了并使人感兴趣。障碍就是对阻碍物的强烈兴趣。它们需要费力的反投资，在怀疑和策略上的支出，这些都是从守财奴和监护人（我想到的是《女子学堂》）那里提取的，以保护他们的财产。简而言之，不是"持有"，而是对"你不能拥有它"的恐惧。这足以让不想付出任何东西的人无论如何都要花钱，都要消耗一些反作用力。

他：于是，一个结论是，在所有情况下，无论是金钱还是爱情，有趣的东西都要求我们付出，哪怕只是不付出。唯一的选择不是对任何对象进行过度投资，而是对任何对象都不进行过度投资，而把所有东西都视为无趣的。

她：忧郁症，抑郁症？

他：或者斯多葛派以**道德中值**（*adiaphora*）的名义所说的：即没有差异。而感兴趣也意味着有所不同，一种足以衡量和比较紧迫性的持续时间之插入：最有趣的事情是不需要等待很久的。但如果你表现出普遍的冷漠，一切都会以同样的速度流逝：治疗爱比克泰德（Épictète）的断腿，履行公民或婚姻责任，说话和保持沉默，在战争中死亡或享受田园和平，遭受奴役或承担帝国的负担。这些本身都并不有趣。

她：你必须承认，斯多亚（la Stoa）是非常诱人的。

他：但不是这样的！它本身一定是无趣的（inintéressante）。

她：请允许我说，在这个回避利益的过程中，有一个次要的好处……

他：我承认这一点，而且是第二个异议，这只是第一个异议的另一种表述。长期以来，流行的说法是：谁输了，谁就赢了。通过不加区分，皇帝和奴隶，在各自的位置上，赢得了这个骄傲的差异:同意世界秩序的现状。来自东方的回声……对于"你从禅宗运动中得到什么益处?"这个问题,约翰·凯奇(John Cage)回答说:"没有什么益处,你在同一个地方是一样的,只是高出地面三英寸。"这不是微薄的益处。你做得非常少,也就是说,在音乐中,到了非作曲和沉默的地步,而你获得了最大的益处:不是一个有利位置、在听众的情感成功方面有保证的回报,从主观满足中获得益处,你赢得了提升(L'élévation)。提升或欣喜是无法估量的。东方的三英寸是基督教西方的升天。

她:我记得弗洛伊德说过:神经症有一个次要的好处。你像狗一样生病,但你在生病时忍受的东西,在你……健康时就不会再忍受了。

他:幸运的是,健康,在这些可疑的问题上,只是一种精神病状态。

她:你太夸张了。

他:至少让我们说是痴迷状态吧。简而言之,我们对一切都失去了兴趣,我是说失去了对"小 a"的兴趣,而只对"大 A"感兴趣。这就形成了一种目的性,一种元目的性(une méta-finalité)。还有一个元兴趣(un méta-intérêt),不是吗?

她:你引用了康德的话。你记得与崇高有关的同样的颠倒。这是一种与知性的旨趣和感性的旨趣相悖的情感。但这种 Zweckwidrigkeit,这种反目的性,相对于灵魂的目的地而言是最终的。不去享受自然和艺术的乐趣,而只去体验它们的无效性,就是转向本质的东西:有一种不可呈现的东西。因此,多么有趣啊!

他:你知道,也许这就是一个真正的银行家在寻找的东西。他寻找的不是从良好的投资中获利，而是完全的挪移（le déplacement）和绝对的收益。在追求财富的过程中，与追求圣洁或征服的过程中存在着同样的荒谬逻辑：付出一切，失去一切，才能获得一切。亚哈（Achab）船长无情地追缉大白鲸摩比·迪克 ①（Moby Dick），亚历山大（Alexandre）强入印度 ②，盖茨比（Gatsby）的慷慨。让（Jean）写道：在这个世界上不失去生命的人，在来世也不会得到生命。

她：你不会使用这种方法。不仅仅是在实事上，甚至还在天堂，也是如此。因为这显然是有利害关系的。当你出现在上帝面前时，上帝会笑：你抛弃了你的家人和财产，但这是为了引诱我。不过，现在圣洁不能成为在我的善良上画的草稿。上帝也希望我们放弃无私的兴趣。重要问题：那么，上帝感兴趣的是什么？

他：首先，我想提醒你，上帝已经死了。

她：这并不改变原则。

他：它改变了一个事实，那就是上帝本人会感兴趣，这并不是不可想象的，他的缺席是不可能的。诺斯替派可以想象，上帝创造了现在这样的邪恶世界，只是为了让它得到救赎。罪恶、死亡、恐怖、犯罪，这个世界的投资是亏损的，但这是为了债权人的更大荣耀而被赎回，这是多么大的利益啊！大 A 玩弄小 a 们，

① 《摩比·迪克》(Moby Dick)，又译作《白鲸记》，作者赫尔曼·梅尔维尔，发表于 1851 年，被誉为"美国文学史上最伟大的小说之一"。小说讲述一位名叫亚哈的"裴庞德号"捕鲸船船长带领全体船员，追捕一条叫作"摩比·迪克"的大白鲸的历险过程。——译注

② 亚历山大大帝率 9 万大军于公元前 327 年春在奥尔诺斯消灭了反叛的高地部族后，进入印度，并在夏天进抵印度河上游地区。——译注

表明大 A 对小 a 们来说是不可估量的,小 a 们唯一的旨趣就是把自己钉在十字架上,转而表明与大 A 的荣耀相比,自己是无趣的。

她:你不觉得这种逻辑有点卑微吗?

他:您想说什么?化为肉身,甚至创世都是一种巨大的自大狂(égomaniaque)计算的结果吗?

她:我想知道:我们同时代的人,被剥夺了上帝,用他们谨慎的言词说:"这很有趣",也许已经变得比你们的诺斯替派更聪明。他们怀疑伦理学,甚至是最纯粹的伦理学,都可能是有旨趣的。毕竟,美德也会使制度运作,即使在一段时间内,它似乎与制度相悖。加图 ①(Caton)对共和制是有用的。这个制度总是需要这些批评、反对意见、障碍、争议甚至异识:它们改善了制度的性能。这也许就是为什么我们同时代的人如此重视审美时刻:一声叹息,效率原则被暂时悬置了。

他:他们很难做得更好了。他们节省了一点时间。他们通过暂时放弃眼前的利益来赚取一点利润。但这是不能保证的。

她:小利不是为他们而存在的,小利几乎是为制度而存在的。我向您承认我们别无选择。但恰恰是这种豁免的时刻,我指的是这种将思想从直接的性能性(la performativité)规则中移除的姿态,也是性能优化的规则。科学和艺术需要这种姿态,政治和技术也不例外。人们自以为无趣(intéressé),专心于纯研究,但正是制度的旨趣才需要这种自以为是。

---

① 马尔库斯·波尔基乌斯·加图(Caton,前 234—前 149),罗马共和国时期的保守派政治家、演说家、执政官,坚定支持罗马共和制,强烈反对尤利乌斯·恺撒将罗马帝国化的企图。——译注

他：什么？精神这样向已非其**所是**的客体敞开，保持思想空间为空白状态以便无法预见的事情占据这样的力量，您能否定这种力量的发挥真的是大公无私（désintéressé）的吗？这种力量只是因制度对它的行使感兴趣才是有趣的吗？

她：我并未说"因为"，我只是说"终究"。

他：但你知道的，终究是从未结束的。而恰恰是我们谈论的权力的行使的那些时刻，迫使我们推迟了它的结束。

她：当然。我们应说"到期"，而不应说"终究"，要知道期限总是被推迟的。但我们也可以说，这些自由时刻的果实完全有机会或早或迟被制度所采摘。和你一样，我确信最离奇的宇宙学寓言、当代物理学和生物学的悖论、现代逻辑的高度复杂的类比、文学、视觉艺术和音乐的发明都是这种力量的结果，在极端情况下，爱因斯坦、塞尚①、舍恩伯格（Schönberg）、乔伊斯、哥德尔、弗洛伊德、维特根斯坦最后都行使了这种力量，我们用神学的比喻称之为"创世"，而他们对自己作品的接受情况并不关心。但是，就你而言，请放心，为了所有的实际目的，所有被输入和存入系统的大登记册的东西都会被归档在那里。发展宣称这是有趣的，但不太了解这在哪方面是有趣的。这可用来……

他：这个就是对你而言的有趣吗？

她：不，这个 l'intéressant 是对符合您的专门定义的制度而言的，它能使制度获得利益，但无成功的保证，也无可预见的期限。对艺术家、学者和工程师来说，有趣（l'intéressant）就截然

---

① 保罗·塞尚（Paul Cézanne, 1839—1906），法国"现代艺术之父"、风格介于印象派与立体派之间，其作品为世纪之交的艺术观念的转换奠定了基础，影响了马蒂斯和毕加索。——译注

不同了。

他：那又是什么呢？对有关非其所是者的这种倾听吗？他依赖一个他不懂的语言的伙伴的召唤？

她：你不认为你说得那么好：试着说这种语言。两个对话者之间的对话，他们说的是同一种自然语言（或两种可以相互翻译的语言），并因此援引相同的预设和相同的暗示，这些预设和暗示在历史的进程中已经积累到这种或这些语言，这种对话只能导致双方已经知道的东西，无论他们知道得清楚与否。通常对话的作用是确认已经知道的东西。这是一个双赢的局面。

他：那就不太有趣了吗？

她：这最不有趣了。柏格森说：对话是保存。我们人人所喜欢的大部分采访、会谈、对话、圆桌会议、辩论和座谈会都是如此。它们的作用是确保我们能够很好地处在"同一个波长上"，而且这很好使。没有什么比重复而基本的注重实用的这些交流操作更乏味了。那里的叫好声和掌声像先天的成分掺合在一起。多无聊啊！

他：为什么要提醒我们这个苦难？它通过无休止地消耗自己来维持自己。我今天早上在电台听到一位医生接受采访，他花了四分半钟解释说，当你脱水的时候，最好的办法就是喝水。这很有趣，不是吗？

她：唯一有趣的事情是试图说别人的语言，而他人却不懂。

他：翻译之谜。

她：如果你喜欢，但你必须扩大这个有点太过专业的语词的范围。我们有时会掌握数据（我指的是已经给出的数据），就好像它们也是在一种未知语言中给出的信号。例如，物理效应、宇宙现象、反复出现的口误、风景的色彩、弦乐四重奏的半音阶、我们自己语言中的短语和词语。好吧，所有这些我们都可以抓住，好像它是"说"或意味着我们不知道的东西。这里：来自我日常的爱人对我的爱抚……我在想：如果它意味着完全不同的东西呢？你在锻炼你的疏离（estrangement）能力。

他：这是一个来自诺斯替教派哲学和神秘主义的术语。

她：这两者在有趣方面都是很好的鉴赏家。

他：回到你的"翻译"。

她：所以我们对这另一种言语或这另一种语言做了一个假说。然后我们尝试按照它的那些假设规则来制定回答。维特根斯坦曾经说过：有人给了你网球以及与网球一起的游戏规则。然后你意识到，对方并没有把球当作打网球来使用，而是把它们当作象棋游戏中的棋子、拼图中的元素或挂毯上的丝线。而这些都是你知道的、可以破译的游戏。想象一下，对方玩的游戏是无法破译的，他以你认为不明智的方式使用他的球。

他：那你就别再跟他玩了！？

她：一点也不。他是世界上最有趣的人。就看你能不能想出适合神秘信息的回复了。

他：你不怀疑对方在向你传递信息？他不是像个简单的白痴那样自言自语？

她：我不能怀疑。在内心有某个东西或有某个不说"我"、我的语言的人。我怎么能无视这个秘密的客人呢？你说过，自我，像任何物体一样，其本身有他异性。事实上，语言才是如此。所说的东西是未说的东西的保留。有趣就是让未说变得可说。

他:你的他者是上帝?

她:这是难以名状的。塞尚成功地用彩色小笔触来"谈论圣维克多山"①。这座山的事情就完结了吗,它被理解了吗?完全没有。另一位画家看了塞尚的油画和水彩画,他再次疏远了它们。他将发明另一种彩色方言。有趣是取之不尽的。

他:你的有趣在我看来并不谨慎。

她:正如你所说的,它不可能谨慎。它只有在悬置的那一刻才是谨慎的。但那一刻为你准备了最糟糕的轻率,试图说对方的语言。如果我不把自己暴露在破译或发明的历险中,有趣(l'intéressant)就会一直是无趣(ininteréssant)。

他:你恋爱了吗?

她:别这么粗俗。性的他异性实际上是在对疏离(l'estrangement)的顽固接触中体验到的,这使爱成为一种激情。它在那里被体验,但从未被耗尽。我们彼此给对方最彻底的礼物不会妨碍你作为一个男人,我作为一个女人,用同一种语言说两种语言。这样的礼物也不会阻止我们每个人试图破译对方的方言,换句话说,把我们自己没有的东西给对方。

他:知道这没有用吗?

她:文学有什么用吗?我告诉你,有趣(l'intéressant)需要无利(le désintéressement)。

他:利润的贴现,资本主义,我们所说的制度,也许不过是一种对有趣表示的肮脏之爱的愤怒:抓住你没有的东西,让它

---

① 《圣维克多山》(Mont Sainte-Victoire)是法国著名画家保罗·塞尚于1890年创作的一幅油画。画家的每个笔触都重在部分与整体、结构与色彩的统一。——译注

"回报"。

　　她：我们应该重新阅读马克思的剩余价值理论。陌生的劳动力，其使用所产生的价值比它所消耗的更多。但条件是，其产品要在商品流通中登记。

　　他：对马克思所讲的资本家来说，有趣的显然是劳动力。你会说，劳动力说的是经济计算以外的另一种语言吗?

　　她：马克思当然认为，它是制度的另类。他想把它确立为其真正的主题。

　　他：这并不奏效。

　　她：行不通，另类并不是这样被确立起来。另类只能保持有趣。另类不能自己"奏效"，它让其他一切奏效，因为它缺乏。其余的一切则在跛行。

制度的幻想

5. 围墙、海湾和制度

我想借这次报告的机会对当前的历史情况做一个总结。在 20
世纪五六十年代，当我们活跃在这种名为"野蛮"（barbarie）的
批判理论与实践"研究所"（Institut）时，我们每个人都轮流从事
名为"形势分析"的危险工作。我们选择了对当时的历史背景具
有重要意义的事件进行分析，并试图在这些分析的基础上尽可能
充分地展现当代世界及其未来。

但这一艰巨工作的目的不仅在于尽可能充分地理解"现实"，
还在于确定我们打算采取的行动，以引导构成上述情况的各种力
量之间复杂多变的相互作用。理论分析始终与实践计划紧密相
连。我们努力清晰而不带偏见地看待问题，这不是为了批判性智
慧的乐趣，而是为了正确无误地提出问题：在这种情况下应该做
些什么？这个问题的实际意义是：我们如何在自己的范围内帮助
那些遭受剥削和异化的人摆脱剥削和异化？凭借何种介入，我们
才能在此时此地做到这一点？

　　我并不是出于纯粹的怀旧而回顾"形势分析"的旧经验。回忆"形势分析"有助于我衡量今天的环境有多大的不同，以及我们现在对这一实践的期望有多大的变化。很显然，我们不是一个批判实践的机构，因此我们不需要制定政治方向的路线。我们建议的干预仅限于出版文章和文集。这并不是说这种行动是次要的。它是另有所指。这种不同并不在于我们所组成的批判团体的名称，它源于一种影响历史状况本身同时也影响批判性质的变化。

　　直截了当地说，至少在我们国家，好战的实践已经成为一种防御性的实践。我们必须不断重申少数群体、妇女、儿童、同性恋者、南方、第三世界、穷人的权利，公民权利、文化和教育权利、动物和环境权利。我们需要签署请愿书、撰写文章、组织集会、加入委员会、参加选举、出版书籍。这样，我们就承担了通常与知识分子身份相关的责任。"通常"是指这些实践得到立法的授权甚至鼓励，或者至少得到了规范这一身份的正式和非正式规则的授权甚至鼓励。社会允许我们这样做，要求我们这样做：因为它需要我们按照我们的秩序为整个制度的发展作出贡献。

　　通过这种方式，我们可以保持我们的解放斗争仍在继续中的生动感觉。这并没有错。然而，有一个直接的迹象表明，斗争的性质已经发生了变化，那就是我们付出的代价减少了，我指的是：我们必须投入批判实践的精力消耗和时间消耗减少了。这种减少清楚地表明，我们的战略已经从进攻转为防御。克劳塞维茨（Clausewitz）认为，用于进攻的时间和精力的数量是用于防御所需的七倍。在今天的条件下，我们为解放战争所花费的兵力比以前减少了80%，可效果可能是一样的……

事实上，结果并不相同。解放不再被视为现实的替代品，不再被视为一个从外部夺取现实和强加给现实的理想。相反，解放是这个制度在劳动、税收、市场、家庭、性别、"种族"、学校、文化、交流等领域所追求的目标之一。制度并不是在所有地方都能成功，它会遇到内部和外部的阻力。但是，制度所面临的障碍正在推动这个制度变得更加复杂和开放，促进新的冒险。解放正在变得实际可感。目前，该制度的实际运作方式涉及各种规划，这些规划不仅仅是为了优化现有制度，它们也是**风险规划**、"为了审视"而作的研究，这些规划产生了更多的复杂性，并催生了更加"灵活可变"的机构。

我知道，这是一幅非常田园诗般的图景，而且我们发现它在政治演讲、商业信息和行政报告中反复出现。批评的任务正是要找出并谴责这一制度在解放方面的任何缺陷。但值得注意的是，这一任务的前提是，解放是现在制度本身的责任，而制度要求任何形式的批评都是为了更有效地履行这一责任。我想说的是，批评有助于将异识（如果它们仍然存在的话）转化为诉讼。

*

观察家和评论家们可能会从这种情势中撤回这样一种信念，即启蒙运动的宏大叙事（le grand récit）最终战胜了关于大写人类和历史的表述，这些表述已经设法谋取人类事务的理论和实践的方向而与这个宏大叙事背道而驰。20世纪也出现了试图将完全不同的社会组织方式强加于人的政权：法西斯主义、纳粹主义。它们在竞争中被淘汰出局。西方最古老和最"能理解人"的宏大叙事——基督教——早已不再塑造社会、政治、经济和文化生活的现实形式。民主德国的人群闯入西柏林的商店证明了：自由的理想，至少是自由市场的理想，已经萦绕在苏联所有人的心头。

马克思主义在实践和理论上的批判力量又**如何**（quid）呢？1989年6月和12月在东柏林，我看到民主德国知识分子（不可避免地或多或少地与官僚机构妥协）在多大程度上急于维护或更确切地说阐发一种立场，使他们和我们能够对西方自由主义进行批判。对于一个接受过激进马克思主义传统训练的人来说，这个要求听起来就像是在号召我们重新开始五六十年代的工作：同时对晚期的"资本主义"进行批判性分析。这无疑是一个动人的计划，却完全是徒劳的。

当然，从资本主义的兴起和后斯大林主义官僚组织和政权的衰落出发，去理解西欧和"东欧"（事实上，主要是中欧）的局势总是容许的。但是，在这幅图画中必然会缺少一个人物，一个在一个多世纪的历史舞台上投下阴影或悲剧性光芒的人物——无产阶级。在其严格的马克思主义概念上，无产阶级不应与工人阶级混淆。阶级是一个根据社会学和文化标准或多或少可以识别的社会实体；阶级的概念属于人类学，而无产阶级意指的是现代历史的真正规划的理念（l'Idée）。这个主体的唯一财产是他的劳动力：它是资本剥削的对象，根据马克思主义，劳动力是整个人类历史的真正动力。资本剥夺了无产阶级对这种劳动力的使用权，以便将其奇异力量的成果据为己有：创造比消耗更多的价值。这是"得益生产力"的一个杰出案例。

马克思主义的目的是把不同的工人阶级变成被解放了的无产阶级：从陷入资本主义关系枷锁的多个工人群体开始，形成一个单一的、自觉的和自主的集体主体，能够把整个人类从通过其自身而对自身造成的伤害中解放出来。这一愿景有某种悲剧性的东西：一个被**狂躁症**控制的社会，一个被幽灵纠缠的社会，一个注定要经历恐怖**宣泄**的社会。因为它所遭受的罪行并不是可以通过在一个法庭前的诉讼来弥补的损失，这是一种错误，没有一个法庭能够公正地听取劳资双方的意见。工人的权利实际上就是人类自我治理的权利。阶级斗争的真正赌注是这种权利："阶级对阶级"，不分民族、性别、"种族"，也不分宗教。

回忆起大家都知道的马克思主义批评的这些主线，人们会感到一种古老和乏味的感觉。我谈论这些主线的方式是有原因的，但真正的原因是，幽灵已经消失，在它的消失中，它带走了远离历史舞台的最后一个宏大的批判性叙事。我们看不到任何能对之作出抵抗的东西。在这个完全"实用"的、出乎意料的批判过程中，工人阶级本身没有发挥任何作用。国际工人运动已经消散为地方性的组织，它们除了维护这一类或那一类工人的利益外，没有任何其他目的，阶级斗争像其他要素一样是抵制制度发展的因素之一。但是，正如我说过的，制度需要这些障碍来改善其性能。

因此，我们说解放的"资产阶级"话语和在"晚期资本主义"的时代——我有意使用经典马克思主义名称——与之相关的共同体组织类型，似乎是两个世纪斗争的胜利者。其他阅读和创造历史的方式试图把自己强加于别人是徒劳的。该制度似乎有充分的理由将自己作为权利和自由的唯一捍卫者，包括批评的捍卫者。如果批评、质疑和想象确实需要一个开放的社会和精神空间，正如卡斯托里亚迪斯（Castoriadis）和勒福尔（Lefort）所表明的那样，只有制度才能保证这种开放，因为制度需要它，那么我们如何满足激进批评的要求，如我们的民主德国同事们所说的那种批判？

*

柏林墙的倒塌是一个具有重大意义和重大历史后果的事件。正如我们所看到的，柏林墙的倒塌对批评的地位也有决定性的影响。海湾危机在我写这篇文章时仍处于**悬念**阶段（1990 年 10 月），虽同样重要，但又有所不同。这不是第一次，也可能不是最后一次，西方制度作为一个整体受到其帝国主义政策的直接和间接影响。显然，伊拉克的分裂是西方列强存在两个世纪以来在中东造成的局势的结果。他们根据各自的利益和将他们联系在一起的权力关系瓜分了世界的这一地区，同时他们寻求通过这种分享政策"解决"他们根深蒂固的矛盾，特别是在导致第一次和第二次世界大战的长期危机期间。萨达姆·侯赛因（Saddam Hussein）是西方总理府和大公司的产物，如希特勒、墨索里尼（Mussolini）和佛朗哥（Franco），他们诞生于第一次世界大战胜利者强加给他们国家的"和平"时期。这一点更为明显和愤世嫉俗。但伊拉克独裁政权与其他独裁政权一样，将资本主义制度的疑难转移到战败、欠发达或抵抗力较弱的国家。

在萨达姆·侯赛因政权与我所提到的那些政权的不同之处中，我想提及与我的观点特别相关的两点。第一个差异，伊拉克对西方制度的挑战是在西方制度的扩张达到前所未有的程度的时候发生的。在这方面，萨达姆·侯赛因似乎没有意识到柏林墙倒塌所象征的世界棋盘的动荡。相反，意大利和德国在两次世界大战之间遭受的危机对美国和欧洲其他国家的影响并不小。

第二个区别不太是应时性的，我将更详细地讨论：它与当前思考的总体方向有关。使上述独裁政权成为可能的，首先是影响经济和社会生活的苦恼，回想这一点是毫无用处的。这种苦恼是羞辱性的，它引起怨恨，这些都是情感倾向，因此，在当代西方，大多数人几乎没有表现出这种倾向，因为他们没有经验。人们感到屈辱，因为它们认为他们所属的社区和文化不亚于主人的社区和文化，而非差得远。当失败是偶然的、最近发生的时候，这种屈辱仍然是偶发的，怨恨也是可以克服的。例如，这就是我们对统一的德国的期望。

但中东的情况并非如此。几个世纪以来，生活在那里的阿拉伯人民经历了世界上最辉煌的文明之一。伊斯兰传统保存着对此种文明的记忆。但这些人也知道，几个世纪以来，阿拉伯穆斯林文化一直处于西方列强的屈辱统治之下。毫无疑问，"沙漠盾牌"（Bouclier du désert）行动并没有平息这些地区居民普遍存在的怨恨。无论西方在这些国家与国家的居民之间制造了多大的分歧，他们肯定都会作为一个祖先社区的唯一后代作出反应和将会作出反应。伊斯兰的**乌玛** ① （l'Umma）就是他们自己的社区。他们准备投资于任何能确保伊斯兰教和乌玛的名称在全世界得到承认并恢复其荣誉的阿拉伯裔人物。

这就是萨达姆·侯赛因的力量所在，而不是他的武器。世俗阿拉伯运动——复兴社会党——（le parti Baas）的领导人毫不犹

---

① 阿拉伯文 Umma 的音译，原指"民族"，后转指"穆斯林社区"，即穆斯林居住区。穆罕默德在麦地那建立的政教合一社团。——译注

豫地呼吁乌玛为侵犯伊斯兰圣地的行为报仇，这绝非巧合。这才是海湾危机的真正关键所在。在短期内，毫无疑问，巴格达的独裁者将被击败，无论以何种方式。同样毫无疑问，从中期来看，包括黎巴嫩、巴勒斯坦和以色列在内的中东地区的版图将不得不进行调整。真正的问题是一个长期的问题：伊斯兰教能否继续用其日常生活的每一个细节都被打上烙印和被神圣化的灵性（la spiritualité）或象征符号来反对在西方社会和同化社会中盛行的完全世俗化的生活方式，这种象征符号使自己成为一种整体文明的名称，而不是一种特定的宗教信仰？我的意思是：这种人类一起存在的模式，是西方模式所完全陌生的。就像亚伯拉罕和穆罕默德曾经听到的声音一样，穆安津①（muezzin）的声音在城市和沙漠上空响起，提醒每个人，在人类事务中，除了这个声音所宣布的律法（la Loi）之外，没有其他权威。

如果我们想确定中东地区对立的双方，并确定除了武器和声明的噪音之外双方冲突真正的利害关系是什么，那么这个权威问题就可以作为试金石。在现代制度中，甚至在后现代制度中，权威是一个需要争论的问题。可以说，权威只归属于一个人或一个团体，而这个人或团体只在一个有限的时间内占据权威地位。这个位置原则上是空缺的。权威是由契约指定的，即使权威是律法言说的终极话语。

这就是民主的悖论，即影响共同体的最高机构、"基础"、决策是由共同体的决定建立的。因此，依附于法律理念和最高法庭理念的超验性（la transcendence）或相异性（l'Altérité）仍然内在

① 穆安津，伊斯兰教宣礼师，在清真寺召集信徒祈祷的人，通常是社区里受尊重、品行好、嗓门大的人。——译注

于共同体的身份。权威地位的空缺为这种"空白"或空缺提供了一个完美的例子，这种空缺是开放制度为使自己能够批评、纠正和调整自己的表现而在自身内部保留的。就权威的形象类似于父亲的形象而言，我们可以说，这里的"父亲"是由儿女共同体并且是在儿女共同体中选定的。

在伊斯兰教传统（或也在犹太教传统）中，圣父选举他的子民，任命他们的代表、他们的先知，并向他们颁布他的律法。只有通过阅读最早的见证人刻在圣书（le Livre）中并代代相传的书信，才能获得这种超凡脱俗、深不可测的律法。正如我们在塔木德经文中看到的那样，"权威"是一个解释的问题，而不是一个论证的问题。这是一种非常特殊的解释，它不会给条文增加任何东西，只会试图"填充"分隔条文的空白，正如我们在塔木德经的读解中所看到的那样。

权威作为不可还原的他异性（Altérité）的观点无疑得到了穆斯林和犹太人的认同。真正的区别在于如何实现阅读这本圣书所揭示的道德内容。当穆罕默德制定《古兰经》法律时，基督教信息已经渗透到希伯来传统中。随着道成肉身的奥秘，即上帝之子的献祭，以及使徒保罗（Paul de Tarse）阅读、阐述和传播它的方式，服从的法则变成了爱的法则——这是基督教带来的"福音"，而阅读这本圣书所产生的精神共同体转而可以化身为一个具体的共同体。这首先是政治上的共同体，罗马帝国，然后是经济上的共同体，"新教"资本主义。伊斯兰教缺乏道成肉身的神学，但无论律法是否必须表现为一种世俗的权力，这一原则都不会被遗忘。这本圣书的权威，为了在世界上表现出来，要求确定《古兰经》经文的含义，并将其作为一条规则加以遵循——这种情况与基督教中发生的情况不无相似之处：政治化和教条主义。权威必须（我简而言之）通过 20 世纪的成功来证明，如果失败，就会带来耻辱。在这种情况下，被蔑视的是权威本身，尽管是超越的权威，而不是个人的虚荣心，甚至也不是共同体的骄傲。

但情况就是这样。面对古典和现代的西方，伊斯兰教被击败了，因为《古兰经》法律不允许穆斯林国家发展成为资本主义经济强国，而只允许其成为重商主义国家，而基督教教义并不禁止使得个人财富的指数式增长合法化：它甚至可以使这种增长成为神恩的标志。这一障碍是强大的中世纪哈里发统治衰落的根源。剩下的只有圣战。但在一个战争是通过其他手段进行的经济冲突的世界里，圣战并不合适。

从这一过于简短和雄心勃勃的描述中，我们至少可以得出一个消极的结论，即目前以柏林墙和海湾危机为标志的历史局势不受纯粹自由主义的解释，就像不受马克思主义简要分析一样。西方无耻地宣称萨达姆·侯赛因是暴君，谴责阿拉伯人民歇斯底里的狂热主义，并利用其违反国际法进行干预，就好像西方不久前没有犯过同样的罪行。

柏林墙的倒塌是一个不那么模棱两可的事件，以至于它可以引起对历史局势的普遍了解。它显然排除了马克思主义的简要解读，但最重要的是，它表明一个制度越"开放"，效率就越高，相反，如果它自我封闭，它注定会被竞争对手或简单的熵淘汰（勃列日涅夫本应更多地研究热力学）。反过来，这一逻辑可以应用于海湾危机的真正动机。尽管伊斯兰教作为一种精神模式是值得尊敬的，但它无法与西方的具体性能绩效（les performances）相媲美；如果它不想最终消失，它将不得不改变自己的地位，例如成为像其他那样的一种宗教信仰和一种仪式实践。

在制度之间的竞争中，似乎决定性的特征是开放性，即它们在运行模式中保持的"游戏性"。这一结论提出了两个问题。首先，是它的前提条件：无论能量的形式是人力还是物力，我们都应该从有用的力量的角度来考虑境遇。难道我们只能从力的关系方面，即从动力学的角度来分析当代世界吗？其次，为什么制度相互之间必须展开竞争？莱布尼茨的形而上学也是一种系统（制度）理论，但单子并没有为统治而战。是什么必然性促成了竞争过程？

对形而上学问题作形而上学答复吗？这有必要吗？我们都知道，形而上学的道路是没有出路的。形而上学道路充其量只能接受批评。但使批评成为可能的是开放系统在自身内部保留和保护的那个空虚的内部空间。这个系统不需要形而上学的合法性，它需要这个自由空间。在这种情况下，批判总是可能的和令人向往的。但同时，它的内涵也永远是一样的：没有结论，它必须不同于结论，"空白"永远存在于"文本"之中，无论我们在何种意义上理解"文本"一词。空白是批评的资源。空白是开放系统赋予精神作品的商标。

但是，除了批评，空白也允许想象力。例如，它允许人们完全自由地讲故事。我想用一种没有任何批评的方式来描述目前的局势，这将坦率地是"再现的"、参照性的，而不是反思性的，因此是天真的，甚至是幼稚的。有点像伏尔泰式的故事，除了才华。我很抱歉，我的故事在非常严肃的圈子里，在物理学家、生物学家、经济学家那里得到了认可。当然是以非正式的，甚至是可怕的方式，好像这个寓言（la fable）是后现代世界梦寐以求的关于自己的不可言喻的梦。简而言之，这个故事就是这个世界在宏大叙事显然已经破产之后仍坚持讲述的关于自身的宏大叙事。当然，这是一个前后矛盾的问题，对此我们有很多话要说——如果这次不是因为以下事实的话，即寓言的主人公不再是大写的人（l'Homme）。但是，让我们来听听这个寓言吧。

6．后现代寓言

"人类和他的大脑，或者说大脑和他的人类，当它们在地球毁灭之前永远离开地球时，可能像什么呢，故事没有告诉我们。"

我们将要听到的寓言故事到此结束。

太阳会爆炸。整个太阳系，包括行星地球，都将变成一颗巨大的新星。自从这则寓言被讲述以来，已经过去了 45 亿个太阳年。故事的结局在那时就已经被预见到了。

这真的是一则寓言吗？恒星的寿命可以用科学方法得到确定。恒星是真空中的微光，在燃烧的过程中会转变其元素。实验室也是如此。微光最终会燃尽。可以对微光进行分析并确定其成分。因此，我们可以说余烬何时熄灭。被称为太阳的恒星也是如此。地球终结的叙事本身并非虚构的，而是现实的。

这个故事的最后一句话之所以如此梦幻，并不在于地球将与太阳一起消失，而在于一定有什么东西从系统的大火及其灰烬中逃生。而且，这则寓言对必须幸存下来的东西的命名也犹豫不

决：是人类和他的大脑，还是大脑和它的人类？最后，如何理解
"必须逃脱"？它是一种必然，一种义务，还是一种可能性？

这种不确定性并不比对最后期限的预测更不现实。

我们可以看到，在太阳死亡之前的几千年里，地球将是一个
巨大的建筑工地。人类——那时可能还被称作人类的东西——正
在为宇宙飞船的出逃做着细致的准备。人类已经启动了郊区的外
围站，作为中继站。人类正在设计火箭。人类为数千个世纪的登
船行动安排好了时间。

我们可以看到这个"蚂蚁搬家"的故事具有一定的现实意
义，因为在讲述这个寓言故事的时候，其中的一些方法已经可
行。只剩下几十亿太阳年的时间来实现其他手段。特别是要确保
我们今天所说的人类有能力实现这些目标。要做到这一点，人类
还有很多事情要做，人类**必须**改变很多。这则寓言说，他们能够
做到这一点（可能性），他们被迫做到这一点（必要性），做到这
一点符合他们的利益（义务）。寓言没有说到那时人类会变成什
么样。

下面就是这则寓言所叙说的：

"在浩瀚的宇宙中，随机分布在粒子中的能量在这里和那里
聚集在一个物体中。这些物体构成了孤立的系统、星系和恒星。
它们拥有有限数量的能量。它们利用这些能量将自己维持在稳定
的系统中。它们不断地转换组成它们的粒子，从而释放出新的粒
子，特别是光子和热量。但是如果没有相关的能量，这些系统最
终会消失。能量正在耗尽。能量以有差别的方式在这些系统之间
分配，以便进行转化工作和维持整体的生存，但能量变得杂乱无
章，回到其最可能的状态——混沌，并在太空中随机扩散。这个

过程在很久以前就以'熵'的名义被鉴别了。"

"在浩瀚宇宙的一小部分区域，有一个叫作银河（la Voie lactée）的微小星系系统。在组成银河系的数十亿颗恒星中，有一颗恒星叫作太阳。像所有封闭系统一样，太阳向它所吸引的天体（行星）的方向散发热量、光和辐射。与所有封闭系统一样，太阳的预期寿命受到熵的限制。当寓言故事被讲述时，太阳已经到达了它生命的中期。在太阳消失之前还有 45 亿年的时间。"

"在这些行星中，有一颗是地球。地球表面发生了一些意想不到的事情。由于各种形式的能量——地球元素的组成分子，特别是水、大气层对太阳辐射的过滤、环境温度——的偶然结合，由分子系统合成了那些更复杂、更不可能的系统——细胞。这是第一个事件，其神秘的发生过程将决定故事的其余部分，以及讲述故事的可能性。所谓的'活'细胞的形成实际上意味着，在某些条件下，在地球表面当时存在的特定条件下，某个目（ordre）的分化系统——矿物界——可以产生更高的目的分化系统——第一批藻类。因此，一个与熵相反的过程是可能的。"

"由单细胞生物所代表的复杂化的一个特别显著的标志是它们能够通过分裂成两个部分来繁殖，这两个部分与原来的部分几乎完全相同，但又是独立的。这就是所谓的'分裂生殖'（la scissiparité），它似乎能够整体上确保单细胞系统的延续，尽管个体消失了。"

"生与死由此诞生。与分子不同，生命系统必须有规律地消耗外部能量（新陈代谢）才能生存。一方面，这种依赖性使它们极其脆弱，因为它们生活在缺乏与其新陈代谢相适应的能量的威胁之下。另一方面，由于外部能量的供应，生命系统避免了使得孤立系统招致最终消失的可预见命运。它们的预期寿命可以'协商'，至少在一定的界限内。"

"另一个影响生命系统的事件是有性生殖。有性生殖比分裂生殖更不可能，但它也使后代与其祖先有更大的差异，因为它们的个体发育是基于两种有区别的遗传密码或多或少的随机组合。因此，不确定性的余地从一代扩大到下一代。意外事件更有可能发生。特别是，对双亲密码的'误读'可能导致基因突变。"

"关于这个故事的下一个序列，达尔文先生已经讲过了。他所说的进化论的显著特点是，与前一个序列（从物理学的到生物学的）一样，它并不假设任何合目的性，而只是机械地选择最佳'适应'系统的原则。新的生命系统是随机出现的。它们必须与已经现存的生命系统竞争，因为所有系统都必须获得能量才能生存。由于有用的能量资源的短缺，系统之间的竞争就不可避免。于是战争发生了。效率最高的系统最有机会通过机械方式而被选中。"

"于是，经过很短的时间（从天文学时钟的角度来看非常短），被称为人类的系统被选中了。这是一个极其不可能的系统——就像四足动物用两条后腿的脚掌站立一样不可能。这种姿势的直接影响是众所周知的：手被解放出来用于抓握，颅骨在椎轴上重新平衡，大脑被赋予更大的容量，皮质神经元的数量增加并多样化。复杂的身体技术，特别是手工技术，与这些被称为人类语言的象征技术同时出现。这些技术是灵活而有效的假肢，这些假肢使如此不可能和如此不稳定的人类系统能够在面对对手时弥补自身的弱点。"

"凭借这些技术，发生了一件与单细胞生物的出现同样出人意料的事情。单细胞被赋予了自我繁殖的能力。同样，象征语言由于其递归性，有能力无限地组合其要素，同时继续产生意义，也就是说，为思想和行动提供基础。象征语言作为一种自身参照的语言，还具有将自身作为对象的能力，因此可以记忆和批判自身。在这些语言特性的支持下，物质技术转而也发生了变化：它们可以自我参照、自我积累并改进自己的性能。"

"语言还使人类能够改变最初僵化的（几乎是本能的）形式，人类是依据这些形式共同生活在早期共同体之中的。不太可能的、彼此不同的组织方式出现了。这些组织方式相互竞争。与任何生命系统一样，它们的成功取决于它们发现、捕获和保存所需能量资源的能力。在这方面，两个重大事件——新石器时代革命和工业革命——标志着人类共同体的历史进步。这两个事件中的每一个都发现了新的能量资源或利用能量资源的新方法，从而影响了社会系统的结构。"

"在很长一段时间内（如果以人类时间计算），集体技术和机构是随机出现的。因此，作为人类群体的那些不可能的和脆弱的系统的生存仍然是它们无法控制的。因此，更复杂的技术被视为好奇，被忽视到被遗忘的地步。有时，在政治或经济方面比其他共同体更具差异性的共同体被更简单但更强劲的系统击败（就像生物物种之间的情况一样）。"

"正如象征语言的特性使物质技术得以保存、修正和优化一样，社会组织模式也是如此。确保共同体生存的任务需要控制可能影响其能源供应的外部或内部事件的能力。负责这种控制的权威机构出现在社会、经济、政治、认知和文化领域中。"

"一段时间后，被称为自由民主的制度被证明是最适合执行这些规定的。这些制度允许对控制方案进行讨论，原则上允许每个单位都有决策权，并最大限度地发挥了对制度有用的人的能量数量。从长远来看，这种灵活性被证明比在稳定的等级制度中僵化地固定角色更为有效。与人类历史上的封闭制度不同，自由民主允许制度内各单位之间存在竞争空间。这种空间鼓励了新的物质的、象征的和共同体的技术的出现。其结果当然是这些制度的生存经常出现危机，有时甚至是危险的危机。但总的来说，这些制度的性能性得到了提高。这个过程被称为进步。这个过程导致了一种对人类制度历史所作的末世论再现。"

"从长远来看，开放系统完全战胜了在地球表面挣扎的所有其他系统，包括人类制度、生物系统和物理系统。似乎没有什么能够阻止甚至引导它们的发展。危机、战争和革命都有助于加速发展，特别是通过获得新的能源，并对利用能源建立新的控制。为了保护整个生态系统免受放松管制的灾难性影响，开放系统甚至不得不收敛其相对于其他系统的成功。"

"只有整个太阳系不可避免的消失才有可能挫败进一步的发展。为了应对这一挑战，该系统已经（在寓言被讲述的时代）着手开发能够在太阳能资源消失后延续自身的假肢，而太阳能资源曾为生命系统，尤其是人类的出现和生存作出了贡献。"

"在讲述这个故事的时候，当时正在进行的所有研究——简而言之，逻辑学、计量经济学和货币理论、计算机科学、导体物理学、天体物理学和宇航学、生物学和医学、遗传学和营养学、灾难理论、混沌理论、战略学和弹道学、运动技术、系统理论、语言学和潜在文学（littérature potentielle），所有这些研究实际上都或近或远地致力于测试和改造所谓的'人类'身体，或者取代它，使大脑能够借助于宇宙中仅有的能量资源继续运作。通过这种方式，负熵系统（le système néguentropique）离开地球的最后一程正在准备之中。"

"人类和他的大脑，或者说大脑和它的人类，当它们永远离开地球时会像什么呢？故事没有告诉我们。"

*

现实主义是创造现实、了解现实和知道如何创造现实的艺术。我们刚刚听到的故事说，这门艺术将继续发展。现实将被改变；创造、了解和知道如何也将被改变。在我们是什么与《出埃及记》的英雄将是什么之间，现实和现实的艺术将至少像从变形虫到我们那样发生变形。这则寓言是现实的，因为它讲述了一种创造、拆解和重塑现实的力量。这则寓言之所以是现实的，还因为它认识到这种力量已经在很大程度上改变了现实及其艺术，而且，除非发生灾难，这种改变必须继续下去。它是现实的还在于，它承认这种变革的继续存在着不可避免的障碍：太阳系的终结。最后，当它预言这一障碍将被克服，力量将逃脱灾难时，它是否现实呢？

这则寓言讲述了影响能量的两个过程之间的冲突。其中一个过程导致地球和太阳系中存在的所有系统和所有物体（生物和非生物）的毁灭。在这一有熵的、连续的和必然的过程内部，另一个偶然的和不连续的过程，至少在很长一段时间内，通过增加这些系统的分化，向相反的方向发展。后一种运动无法阻止前一种运动（除非我们能找到为太阳提供燃料的方法），但它可以通过放弃其宇宙场所即太阳系来避免灾难。

在地球上，和其他地方一样，熵将能量引导到最可能的状态，一种微粒**汤**，一种冷混沌。相反，负熵将其结合成更复杂的分化系统，我们说：更发达的分化系统。发展不是人类的一种发明。人类是发展的一种发明。寓言中的英雄不是人类，而是能量。寓言讲述了一系列插曲，其中成功有时是最可能的，死亡有时是最不可能的、最不稳定的，也是最有效的、复杂的。这是一场能量悲剧。与《俄狄浦斯王》一样，这部悲剧的结局也很糟糕。与《科洛纳的俄狄浦斯》一样，它也承认最终的宽恕。

主人公并非主体。能量这个词什么也没说，只说有力量。能量发生了什么——它形成系统，系统的死亡或生存，更分化的系统的出现——能量对此一无所知，也不**想**知道。能量服从盲目的、局部的规律和机缘。

人类不是寓言中的主人公。人类是一种复杂的能量组织形式。与其他形式一样，人类无疑也是短暂的。其他形式可能会出现，更复杂，将战胜人类。这可能是自寓言讲述以来的时代通过技术科学发展准备的这些形式之一。这就是为什么寓言不能开始鉴别哪个系统将成为流亡的主人公。它只能预言，如果这位英雄成功逃脱太阳系的毁灭，他**将**比寓言叙述时的人类物种更加复杂，因为这个物种当时还没有逃亡的手段，尽管它是宇宙中已知的最复杂的能量组织。

主人公必须更加复杂，因为他必须能够在地球环境的破坏中生存下来。一个生物有机体与地球上的特殊能量（即"人体"）共生，继续为这一系统，特别是大脑提供动力是不够的。他必须能够直接使用宇宙中唯一可用的物理能量形式，即未被预先组织的粒子。这就是为什么寓言中说，大逃亡的主人公注定要在地球生命的毁灭中**幸存**下来，但他将不是一个简单的幸存者，因为他将不在我们所理解的意义上活着。

这个条件是必要的，但当寓言被讲述时，没有人能说出它将如何实现。这个故事存在不确定性，因为负熵是以偶然的方式起作用的，因为更复杂系统的出现——尽管有系统的研究和控制本身——仍然是不可预测的。我们可以促进这种出现，但不能控制它。寓言中所说的"自由民主"是开放系统的一个特征，它为不确定性留出了开放的空间，从而促进了更复杂组织的出现，这一点在所有领域都是如此。我们所说的研究就是这些自由的发明和发现空间的一个案例，它已经变得微不足道。这种情况本身就是更高层次发展的标志，在这种情况下，必然性和偶然性不仅在认识论秩序中结合在一起，正如莫诺[①]（Monod）所看到的那样，而且还在普里高津[②]（Prigogine）和斯唐热[③]（Stengers）所说的新联盟的现实中结合在一起。这种联盟不是客观与主观的联盟，而是规则与危险的联盟，或者说是连续性（la consécution）与非连续性（la discontinuité）的联盟。

如果能量故事中没有这样的不确定性区域，讲述这个故事的

---

① 雅克·莫诺（Jacques L. Monod, 1910—1976），法国生物法学家，因与他人一起发现了细菌细胞内酶活性的遗传调节机制而于 1965 年与他人一起获得诺贝尔生理学和医学奖。——译注

② 伊利亚·普里高津（Ilya Prigogine, 1917—2003），比利时物理化学家，非平衡态统计物理与耗散结构理论奠基人，1977 年获诺贝尔化学奖。——译注

③ 伊萨贝尔·斯唐热（Isabelle Stengers, 1949— ），世界著名科学哲学家、化学家，与其老师普里高津合写的一部关于耗散结构理论的专著《新结合》于 1979 年在法国出版，其英文版改名为《摆脱混乱的秩序：人类与自然的新对话》。——译注

寓言本身就是不可能的。因为寓言是一种语言组织，而语言是一种非常复杂的能量状态，一种象征性的技术装置。然而，为了部署一种时空的和物质的空虚，寓言需要语言的能量并不直接受制于其在行动事实、知识和诀窍中的利用。

在寓言中，语言的能量被用于想象。寓言确实创造了一个现实，一个它所讲述的故事的现实，但就其认知和技术使用而言，这个现实被搁置了。语言能量被反射性地使用，换句话说，它被送回语言，这样语言就可以继续它所说的（我正在做的）。这种悬置将实践诗意与语用诗学区分开来。虚构将这种现实性保留下来，使其远离在系统中被利用。这个现实被称作想象。想象的现实存在的前提是，在这些现实出现的系统中，可以说，相对于该系统的表演性（la performativité）的简单现实的限制，一些区域被中和了。在通常情况下，僵化的系统，如反射弧，甚至本能的程序（以我们所知的生物世界为例），都禁止变形虫、梧桐树或鳗鱼去虚构编造。

现实主义接受甚至要求想象的在场，而想象远非是现实所陌生的，而是现实的一种状态，一种新生状态。科学和技术本身的虚构性、诗意性并不亚于绘画、文学或电影。它们之间唯一的区别在于是否受限于假设被验证／被证伪。寓言则是一种回避了这一限制的假说。

我们所听到的寓言既不是新近的，也不是原创的。但我认为寓言是后现代的（postmoderne）。后现代的并不意味着新近的。它指的是就广义的思想和行动而言，写作在受到现代性（la modernité）的传染并试图治愈它之后的处境方式。但现代性也不是最近的。现代性甚至不是一个时代。广义上说，现代性是另一种写作状态。

现代性的最初特征可见于塔尔斯的保罗（使徒）以及后来的奥古斯丁为调和异教古典传统与基督教末世论所做的工作。现代想象力的一个独特要素是历史性，这是古代想象力所没有的。现代人将我们称之为欧洲或西方这种集体主体的合法性置于历史时间的展开之下。通过希罗多德和修昔底德、李维 ① （Tite-Live）和塔西佗 ② （Tacite），古人发明了**历史**（l'histoire），并将其与神话和史诗等其他叙事体裁对立起来。而另一方面，通过亚里士多德，古人还提出了 telos 概念，即完美的目的和目的论思想。但是，正是基督教在保罗和奥古斯丁的重新思考下，他们将末世论正确地引入了西方思想的核心，才推动了现代对历史性的想象。末世论叙述了一个主体受匮乏影响的经历，并预言这种经历将在时间的尽头结束，那时邪恶得到赦免，死亡被消灭，人将回到天父的家中，即回到完整能指（signifant plein）之家。

与这种末世论相联系的基督教期望在异教古典主义的合理性中得到重塑。期望变得合理了。反过来，希腊的理性被改变了。希腊理性不再是公民之间公平地分享论点，商讨面对悲惨的命运、政治混乱或意识形态的困惑时该怎么想、怎么做。现代理性是与他人分享，无论他们是谁——奴隶、妇女、移民——每个人自己犯了罪并被宣告无罪的经历。**美德**（la virtù）伦理是理性

---

① 李维（T. Tite-Live，公元前 59—公元 17），古代罗马历史学家，著述丰富，但流传下来的只有《罗马自建城以来的历史》一书，这部罗马史巨著总计 142 卷。——译注

② 塔西佗（P. C. Tacite，公元 56—120），罗马帝国时期著名的历史学家、文学家和演说家，主要作品有《历史》《编年史》《演说家对话录》《阿古利科拉传》《日尔曼尼亚志》。——译注

之古代行使的最高境界，**宽恕**（le *pardon*）伦理则是理性之现代行使的最高境界。古典的良知与震撼奥林匹斯山的激情无序相冲突。现代良知则自信满满地将自己的命运交托到一位唯一公正善良的父亲手中。

这种特征似乎过于基督教化。但通过无数的插曲，世俗现代性保持了这种时间装置，正如人们所说，这是一种"宏大叙事"的时间装置，它最终**承诺**主体与自身和解，并解除其分离。尽管都被世俗化了，但启蒙运动的叙事、浪漫的或思辨的辩证法和马克思主义叙事都表现出与基督教相同的历史性，因为它们都保留了其末世论原则。历史的完成，即使总是被推迟，也将重新建立起与他者（大 A）法则的全面而完整的关系，就像这种关系在开始时一样：基督教天堂中的上帝法则，卢梭所幻想的自然法中的自然法则，恩格斯所想象的家庭、财产和国家之前的无阶级社会。被许诺为终极目的的，永远是一个远古的过去。现代想象力必须将其合法性向前推进，同时将其合法性建立在失落的起源之上。末世论需要一种考古学。这个循环，也是解释学的循环，它将**历史性**（l'*historicité*）刻画为时间的现代想象。

我们听到的寓言当然是一个叙事，但它所讲述的故事并没有提供历史性的任何主要特征。

首先，这是一个物理故事，它只涉及能量和物质作为能量状态。人类在故事中被认为是一个复杂的物质系统，意识是一种语言效果，语言是一个非常复杂的物质系统。

其次，这个故事中起作用的时间只不过是一个双色球。连续的时间被划分为任意定义的时钟单位，这些时钟单位基于所谓统一而规则的物理运动。这个时间不是意识的时间性，意识的时间性要求过去和未来在不在场的情况下与现在同时"在场"。寓言只有在被赋予象征语言的系统中才有这种时间性，因为象征语言确实允许记忆和期待，即不在场的在场化（la présentification）。至于那些高呼神话般能量故事的事件（"有时会⋯⋯"），能量故事既不期待这些事件，也不记忆这些事件。

又次，这个故事决不是朝着一个解放的地平线结束的。诚然，寓言的结尾讲述了一个高度分化的系统的拯救，一种超级大脑的拯救。这个超级大脑之所以能够预见并准备好这一结果，是因为它必然拥有一种象征语言，无论它是什么，否则它的复杂程度将低于我们的大脑。合目的性之效果或感觉来自象征系统的这种能力。诚然，象征系统可以根据已发生的事情更好地控制所发生的事情。但是，寓言将这种效果再现为不断调节的控制论循环的结果，而不是一个解释学循环的结果。

最后，寓言用过去时叙述的（并非出于偶然）我们今天的未来不是希望的对象。希望是一个历史主体的希望，他向自己许诺，或向被许诺的人许诺最终的完美。后现代寓言讲述了一个不同的故事。人类或其大脑是一种极不可能的物质（即能量）形成。这种形成必然是短暂的，因为它取决于地球上的生命条件，而生命条件不是永恒的。如果要在这些条件消失后存活下来，被称为人类或大脑的形态就必须为另一种更复杂的形态所取代。人类或大脑将只是分化（différenciation）与熵之间发生冲突中的一个插曲。对复杂化的追求并不要求人类变得更完美，而是要求人类的蜕变或失败，以有利于更有效的系统。人类声称自己是发展背后的驱动力，将发展与意识和文明的进步混为一谈，这是完全错误的。人类只是发展的产品、载体和见证者。即使是他们对发

展的批评——发展的不平等、发展的不规范、发展的不可避免
性、发展的非人性——也是发展的表现形式，并促进了发展。革
命、战争、危机、商议、发明和发现都不是"人类的杰作"，而
是复杂化的结果和条件。对人类来说，这些事情总是矛盾的，既
给他们带来最好的，也给他们带来最坏的。

　　无需赘述，我们足以清楚地看到这则寓言并不呈现出现代
"宏大叙事"的特征。寓言并没有回应人们对宽恕或解放的要求。
在没有末世论的情况下，它所讲述的故事的机械性和偶然性结合
在一起，使思想遭受合目的性的痛苦。这种痛苦是思想的后现代
状态，我们现在可以称之为后现代的危机、萎靡或忧郁。寓言并
没有为这种状态提供补救措施，而是为之提供了一种说明。这种
说明不是一种合法化，也不是一个谴责。寓言忽略了善与恶。至
于什么是真，什么是假，它们是在所谓的现实主义制度下，根据
判断时的可操作性或不可操作性来决定的。

　　寓言的**内容**提供了对危机的说明，而神话叙事本身就是危机
的表述。这个内容，叙事所谈论的意义，意味着希望的终结（而
这对于现代性来说是地狱）。叙事的**形式**将这一内容铭刻在叙事
本身之上，将其降格为简单的寓言。寓言不受论证和证伪的影
响。寓言甚至不是一种批判性的话语，而只是一种想象。这就是
寓言如何利用了系统为假设性思维留下的不确定性空间。

　　也正是以这种方式，寓言成为了当今思想危机的近乎幼稚的
表达：现代性危机，也就是后现代思想的状态。在没有认知的或
伦理政治的诉求的情况下，寓言赋予自己诗意或美学的地位。寓
言只有忠实于后现代的情感——忧郁——才具有价值。寓言首先
叙述了忧郁的动机。但同时，所有的寓言都是忧郁的，因为寓言

弥补了现实。

可以说，我们听到的寓言是后现代对自身所能持有的最悲观的话语。这则寓言只是延续了伽利略、达尔文和弗洛伊德的话语：人不是世界的中心，人不是第一个（但却是最后一个）受造物，人不是话语的主人。然而，要将这则寓言定性为悲观主义的，我们就需要有一个绝对恶（un mal absolu）的概念，它独立于人类系统所产生的想象之外。但毕竟，这则寓言不需要被相信，只需要被反思。

7. "地上本没有路"

小山岩雄（Koyama Iwao）说："道德能量的主体（*shutai*）必须是国家（*kokumin*）。国家是所有问题的关键。道德能量与个人或个人道德或血统纯正无关。它（国家）是文化和政治方面道德能量的中心。"

小坂真咲（Kosaka Maasaki）说："就其本身而言，民族（*minzoku*）没有任何意义。只有成为国家民族（*kokkateki minzoku*），民族才获得主体性（*shutaisei*）。没有主体性，没有自决权（jiko gentei），即在转变为国家（*kokumin*）之前，民族是没有权势的。例如，像阿伊努人（les Aïnous）这样的民族无法实现独立，最终被另一个民族吞并。我想知道犹太人是否会遭受同样的命运。我认为，世界历史的主体必须是一个国家民族。"

这是在 1941 年 11 月。京都学派的两位哲学家试图用这些术语将日本对东亚的实际统治合法化。日本知道如何"自我决定"，它表现为主体性。

三个月后，当日本在太平洋战场上与西方交战时，同样的对话者再次在一次座谈会上会面，他们一致认为，现在的政治问题是决定"将在未来的世界历史中扮演最重要角色的"① 是西方或东方的哪种道德。

我收集并整理了阐发这一政治哲学的主要动机。合法性既不取决于道德也不取决于种族，而是取决于最大的权势（或能量）。权势是为自己做决定的最大权力（*jiko gentei*）。主体是构成其自身的东西。作为一个自然共同体，一个民族仅仅是一个既定的事实，它诞生于过去并被抛入历史。其真正的力量来自其预测历史和展望未来的能力。这种力量将其转化为一个民族，需要国家的形成。在国家中并通过国家，"国家民族"的真正力量**显现出来**：它以其他民族的力量来衡量自己并与之斗争。因为主体性是不可共享的。整个人类世界只有一个历史，这个历史只有一个主体。作为所有民族潜在力量的实现，主体注定不仅主宰大亚洲，也主宰西方。共同存在的所有特殊传统在主体中汇聚，并作为一个普遍规划释放其能量。

国家是民族自我意识的时刻，世界历史的一体性：这些都是现代西方政治哲学和实践的基本主题。欧洲（因此美国）也有解放的合目的性想法。竹内好见（Takeuchi Yoshimi）指出日本只有通过抵抗现代西方才能实现自身的现代化，但在这场斗争中，日本必须重复西方的模式。如果它仍然如此依赖于它的对手②，它又

① 这些文字引自酒井直树（Naoki Sakai）的《现代性及其批判：普遍性和特殊性问题》，载《后现代主义与日本》，《南大西洋季刊》1987年第3辑（1988年夏），第93—12页。

② 竹内好见（Takeuchi Yoshimi）：《何谓现代性》，《竹内好见全集》第4卷，东京，1980年，为酒井直树（Naoki Sakai）所引用，见上一条目第114—118页。竹内好见的文章是在1945年以后写的。

如何能实现主体性呢？欧洲形而上学主题的反复出现，历史的唯一性和终结性、欧洲形而上学的主题、历史的独特性和合目的性、权力和意志、自在自为的辩证法（dialectique de l'en-soi et du pour-soi）的反复出现，暴露了这种依赖性，就好像政治只能以希腊—基督教的形式被思考：希腊的形式是通过国家和决定的概念，基督教的形式是通过目的论历史的概念。

可以说，海德格尔的历史政治思想也遭遇了类似的命运。在《存在与时间》中，这种思想试图摆脱在思辨观念论中阐发的历史政治之形而上学传统。这种思想试图在现象学的意义上，试图从对此在（Dasein）的生存论—存在论描述中"构成"思想的对象，即时间性、共在、历史性、被抛和筹划。此在当然不是一个主体。此在只是那里存有的谜团。

在《存在与时间》的第二部分，在分析历史性与共在的问题时，海德格尔思想继续努力使这些问题远离形而上学的范畴。当然，对"尚未存在"的来临和烦（l'angoisse）而共同被抛的存在方式，天命（Geschick），被称为 Volk，即"民族"，而没有对这一术语的使用进行任何批判或阐述。但是，不存在"民族"通过国家的中介来实现自我意识的问题。自我意识是毫无疑问的。恰恰相反，民族必须深化其本质，具有在时间和烦中被抛的共同存在，并致力于规划和决策，以实现其本真的存在。相反，通过意识的中介和国家的中介将民族对象化就意味着丧失这种本真性。

这一点在 1933—1934 年的政治文本中不复存在。[除了已经列出的，我们还将添加由法里亚斯（V. Farias）出版的 1934 年夏季研讨会，标题为《逻辑学》(*Logik*)，基于韦斯 ① 藏书（le fonds

---

① 《逻辑学》,《海伦·韦尔斯遗赠中的海德格尔课程》(1934 年夏季学期)，巴塞罗那，Anthropos e MEC，1991 年（德语西班牙语双语版）。

Weiss）中收集的讲稿］。弗莱堡大学校长参与了震撼德国青年的强大运动。多年来一直笼罩着德国的危机现在变得如此剧烈，似乎没有出路。海德格尔在年轻人，尤其是学生的深深的烦和绝望中，看到了他在《存在与时间》一书中以**天命**（Geschick）为题所描述的东西。为了维护运动的真实性，海德格尔将自己的大学权威赋予了运动。他通过帮助这场运动指向"已决决定"（Entschlossenheit）而成为其引导。

但是，现在必须具体指明这一方向。仅仅把它"描述"为共在的一个生存论—存在论特征是不够的。现在，纳粹党（NSDAP）掌权，并声称要承担起这种领导作用。因此，海德格尔纳粹主义思想发生了两方面的变化：它必须用"操作者"或实用主义概念来补充哲学分析，使其能够被纳入政治领域；因为后者是由纳粹意识形态主导的，它必须对党的意识形态要素（idéologémes）做出让步，至少是形式上的让步。现在，这些都是西方形而上学在历史和政治问题上的主要动机的庸俗和折中的表达。

《校长讲话》(Le *Discours de rectorat*) 提供了这一转变的一个引人注目的例子。只有当德国人民拥有知识、工作和共同捍卫自身共在的手段时，他们才能免于毁灭，免于小坂所说的"同化"（l'absorption）。因此，才有了大学、工人组织（公司）和军队这三个部门（*Dienste*）。这三个机构都致力于部署民族的本真存在。它们共同组成了民族国家。很显然，对这三种职能的确定并不是生存论—存在论分析的问题，而是所谓的"印欧"西方，特别是柏拉图（杜梅泽尔）对政治共同体最古老的表述。因此，将"权能"分为"认识""生产"和"战斗"三部分，这使得海德格尔的思想接近于困扰小山（Koyama）和小坂（Kosaka）的相同意识形态要素（des idéologèmes），也就是西方形而上学的意识形态要素。

我们能在政治上行动和思考而不为这些形而上学的动机所捕获吗？这些动机难道不是与政治本身一起诞生的吗？只要我们试图远远地摆脱这些动机，这些动机似乎就必定回来，无论我们是海德格尔还是日本人（我们知道前者能从后者身上看出多少他的思维模式），既然这是一个"做政治"的问题。（也许马基雅维利是个例外。）

不管对错，我认为在日本人的传统中，犹太人的形象并不是最重要的，不管这个传统是显性的还是隐性的。这就是为什么值得注意的是，小坂认为同时提及犹太人和阿伊努人是合适的，以强化他的论点，即一个没有形变为国家的民族注定会消失。

诚然，小坂的设想只是将这些人同化进一个国家民族的实体中。1941年12月，纳粹当局尚未"决定"欧洲犹太人问题的最终解决方案，即灭绝犹太人。但是，自从"犹太人"被希特勒分子定为不可饶恕的敌人并在整个欧洲中部遭到追杀以来，已经过去了十多年，几乎是二十年。小坂不能无视这一点。这就是为什么他提到犹太人的"命运"，尽管他的反思背景表面上纯粹是亚洲的。

这是因为民族权力和国家决策的政治从来都不满足于在它们所反对的民族和国家中找出明显的对手。看起来它们还需要发明内部污染的祸害。事实上，它们根本不是在制造这种祸害。实际上，它们必须让某种东西保持沉默，这种东西在它们运作和表现其悲剧的舞台之下，通过质疑和破坏政治的奇观，从未停止过对舞台本身的威胁。"犹太人"是抵制自我肯定原则的名称，"犹太人"是对权力意志的嘲笑，是对为自身主体性欲望所困扰的社区（包括犹太社区）之盲目自恋的批判。在"犹太人"的称谓下，"依赖性是构成性的"，"存在着他者（l'Autre）"，"想要在一个普遍的自治计划中清除他者是错误的，会导致犯罪"等信念都遭到了谴责。

犹太人从一本圣书中学到了对关于意志和自决的西方形而上学进行的秘密的、无声的、曲线救国的、非政治性的抵抗。阿伊努人（les Aïnous）是伟大政治的牺牲品，因为他们是鲜血和土地，而鲜血和土地是政治舞台的一部分，是政治悲剧的元素。"犹太人"在这个舞台上被流放、被驱散、被压迫、被同化，但他们并不属于这个舞台，他们属于圣书中承诺和记录的那个他者联盟（l'Alliance de l'Autre）。

正是这种抵抗必须被消灭，我们绝不能忘记它，因为它从未停止过向形而上学的欧洲"呈现"，作为后者不能说，也不会说的东西，作为后者力量的无能。这种抵抗只是在低语：他者（l'Autre）对自身（Soi）是首要的。

《存在与时间》的海德格尔，以及在**"转型"**（Kehre）之后阐发存在论差异的海德格尔，接近了这一抵抗性思想。但是，他将这种思想誊写下来，并在一种知识或一种说法、一首诗中将其揭示出来，而他者的首要地位则要求实际尊重的散文：你现在在你的平庸和匿名中，你就是他者之脸孔（列维纳斯）。

海德格尔差一点就错过了他要寻找的东西：在现代，什么不是现代的，在西方，什么不是西方的。但这一错失使他得以接近纳粹主义，并对纳粹浩劫（la Shoah）保持沉默。因过于希腊化和过于基督教化，至少在基督教与异教相容（通过道成肉身）的意义上，他的抵抗最终只找到了"存在"（l'Être），而没有找到"他者"（l'Autre）。

在西方，东方主义是夺取亚洲的一种方式。在日本，现代化是攫取欧洲和美洲的一种方式。但这些都是微不足道的限定。西方和日本都不能归结为帝国主义。帝国主义，即有关历史和政治的帝国哲学，在本质上既是西方的，也是日本的，具有同样的标题，因为它对他者的否定普遍是对自身（le Soi）的诱惑。但是，在东方，和西方一样（比西方更甚），有一种东西在抵制这种对身份认同的热情。

在展示了日本对西方的正面抵制在多大程度上使日本西化之后，竹内好美（Takeuchi Yoshimi）转向日本思想的另一面——我必须承认，我喜欢这一面，冒着听起来像"东方主义者"的风险，而且我通过阅读泽见（Zeami）和道根（Dôgen）的著作略微培养了这一面：真正的觉醒［海德格尔的**本真性**？（l'authentique）］不是相信有一条通往解放的道路。觉醒在于无路可走这样一种无法忍受的感觉（海德格尔的烦？）。

竹内好美写道，这种抵抗才名副其实，因为它尽可能地从它所抵抗的东西的复制中解放出来，他引用了鲁迅的话："希望就像地上的路。地上本没有路，走的人多了，也便成了路。"①

重要的并不是**林中路**（les Holzwege）并不通向任何地方。对海德格尔来说，"无处"（nulle Part）仍然是存在的林中空地，是存在者之林中的空地。重要的是，在沙漠中，没有阴影，也没

---

① 由酒井直树（Naoki Sakai）引用，见本文第一个条目，第 121 页。

有灌木丛，没有空地，也没有通往那里的道路。在日本如同在西方，我们也正是依靠这种清晰性来抵抗帝国的形而上学，无论是西方的还是东方的帝国。

隐　匿

8．总路线

献给吉尔·德勒兹

"从年少时起，我就认为，这个世界上的每个人都有他自己的无人之境（no man's land），在这里，他是自己的主人。此处，既有着一个浮于表面的存在，又有着另一个不为人知的、毫无保留地属于他自己的存在。这并不意味着前者是道德的、后者则是非道德的，亦不意味着前者是被允许的、后者则是被禁止的。这只是表明，每个人都会不时地摆脱所有控制，独自一人或与人为伴，每天一时、每周一晚或每月一天，生活在自由与神秘之中。这种隐秘而无拘束的存在从夜晚持续到白天，时间一刻一刻接续而来。"

"这样的时间为人们那可见的存在增加了一些东西。至少这些东西还有着自己的意义。它们可能是快乐，可能是必要，也可能是习惯，总之，它们都是为了保持一条**总路线**。谁若是没有使用这项权利，或者是被环境剥夺了这项权利，他便会惊讶地发现，他从未与他自己相遇过。只要想到这里，人们便不能不感到忧伤。"

对于这种无人之境的权利，是人类权利的一项原则。

《反叛的芦苇》(*Le Roseau révolté*) ① 中的叙述者深知这一点，并补充道："顺便说一句，无论是宗教法庭还是极权国家，都绝不承认这种摆脱他们控制的第二存在"。在《一九八四》中，奥维尔即讲述了一个人反抗那毁灭其第二存在的权力的故事。

如果并无这一"无主之地"（pays sans homme）或无人之境，人类便不能被称为人类。人并不一定是孤独的，"独自一人或与人为伴"，每个人都可以"在那里与自身相遇"。第二生命为多人留有空间，我，你，他人。

另一方面，同一个声音还说道，"不应认为这是一场宴会，而其余的一切都只是日常。界限并不在此，而在于生活的表面与隐秘的存在之间"。

这也并不完全是秘密之权利的问题。这种权利允许我们对自己知道的事情保持缄默。但是，"隐秘的存在"是"自由的"，因为我们并不知道该说些什么。我们给予这种存在以躲匿的时间，因为我们同样需要仍未知道（ne pas savoir encore）。这样，我们才能遇到未曾了解的东西。然而，我们在等待它们，且我们可以尝试着让它们到来。我们阅读，我们喝酒，我们热爱，我们奏乐，我们沉浸在这些小癖好的仪式之中，我们写作。但是，这些

---

① 尼娜·别尔别罗娃（Nina Berverova）：《反叛的芦苇》，卢巴·尤根森（Luba Jurgenson）译，阿尔勒：Actes Sud 出版社，1988 年。（尼娜·别尔别罗娃（1901—1993），俄裔美籍作家，本文开篇的引用即来自她的小说《反叛的芦苇》。——译注）

引发相遇的方式，同样是神秘领域的一部分。它们保持隐秘，也并不保证一定奏效。

这一领域是隐秘的，因为它是分离的。第二存在的权利即为保持分离、不被暴露、不必回应他人的权利。人们常说：保持自身（de garder son quant-à-soi）。[但我们甚至不知道什么是自身（soi）。而只能说他的关于什么东西（son quant-à-quelque chose）。]这项权利必须得到所有人的承认和尊重。

这并非自身，而是有待被遇到的某物。这必然**无人**（*no man*），因为并不需要这些与**人**相遇的时刻。自身在此只是为了保卫**无人**并守护其**境**（son *land*）。

我们不必就这一领域所发生的事情向他人回应，但这并不意味着我们是不负责任的。这只是意味着，事情不以回答和问题的形式发生。这一点并无争论。

尼娜·别尔别罗娃让叙述者说道，这些时刻"有助于保持**总路线**"。这条"总路线"并非总体生活的路线，亦非"表面"生活的路线。虽然第二存在对"浮于表面的存在"是温和的。前者稍稍悬置了后者，它时而栖息于后者，时而却摆脱后者，但我们对此一无所知。第二存在并没有真正伤害浮于表面的存在，而是为它打上了小小的括号。

当总体生活试图取代隐秘生活时，事情就会出错。人们保持分离的权利（它支配着其余被宣告的权利）因而受到侵害。侵犯分离权，无需极端权力或诽谤谣言，亦无需驱逐、监禁、酷刑、饥饿、禁止工作或居住、审查、占领、流放、隔离或扣留。

当然，这些都是恰当的、公然的、直接的、可靠的手段，它们可以用来恐吓那看护着第二存在的守卫，同时削弱他，将他置于困境，入侵他，并把他纳入总体生活。毫无疑问，无论总体生活的主宰者是谁，他们都会为怀疑所萦绕，认为有什么东西逃脱了他们的控制，且可能正在密谋着反对他们。他们需要的是整个灵魂，需要的是灵魂的无条件臣服。

此外，还有一种更不显然的程序，它能更好地、无明显暴力地暗示自身，甚至进入白色或灰色的领域，在这里，人们将自己与他人分离，并沿着自己的总路线摸索前行。这种暗示听起来一点也不像某种恐怖行为。对人类权利和被宣告的权利的诉求，能够很好地使这一暗示被合法化并被掩护。自由地阐明自身，勇敢地交流自己的思想与观点，丰富共同体，充实自己，承担，对话，在尊重他人权利的同时行使自己的权利，进行沟通，在法律与规则所限定的范围内一切皆有可能。甚至，我们也可以修改这些限定。

因此，我谈论的是自由民主国家与"先进"社会，在其中人权得到了尽可能多的承认与尊重，且总是被铭记和捍卫，并逐渐扩展到了北美所说的少数群体中。自由民主的命令是好的。它们允许，甚至要求国际特赦组织（Amnesty International）的存在。有时，它们还允许毫不费力地发表某些小评论。任何持有不同意见的人都可以随时进行讨论。

然而，一再要求行使权利并监督其遵守情况，可能会由迫切走向压制。压力稍有增加，隐秘的时间就结束了。每个人都会被他人、被责任牵绊，全神贯注于捍卫总体生活中权利的正确使用，而失去了对属于自己的"总路线"的保护。

对于权利的执行和对于尊重的警觉是义务的要求，这是显而易见的，就如极权主义的倾向那样无可避免。这亦如涉及自我的毁灭时那样无可避免。你为什么不这样说、不这样做，你有这个权利！

柏格森说过，没有人有义务写书。写书的关切又回到了存在上，这里每个人都"逃脱了一切控制"，也包括他们自己的控制。写作是我们创造相遇的方式之一，它必然是冒险的。我们写作是因为我们不知道该说些什么，所以我们试图找到答案。但现如今的口号是：**要么发表，要么毁灭**（*publish or perish*）！如果你不公开，那么你就会消失；如果你不尽可能地暴露，那么你就不存在。你的无人之境仅仅在表述与交流中才有意义。对沉默的高压，催生了表达。

这种压力只会影响作家和"知识分子"吗？并非如此，无论是谁都有同样的义务去行使知情权与表达权。每个人都必须能够（行使权利去）见证。各个组织或机构确保我们都站在自己的门槛上，转身向外，心怀善意，随时准备倾听、讲述、讨论、抗议、解释。通过调查、采访、民意测验、圆桌讨论、系列、档案，我们在媒体上看到自己正在作为人类，忙于履行维护自身权利的义务。

我们一再被告知：没有任何问题，一切皆有可能。你们的情况是有法可依的。如果没有，我们将为你们制定法律，你们将能得到准许。我们甚至还将帮助你们提出上诉。这一切都很好，谁又敢抱怨呢？当然不是那些被剥夺了权利的人。这种压力让总体生活变得更加公正和周到。

然而，生活并非没有"忧伤"。诚然，我们应当尊重他人的权利，他人亦应当尊重我们的权利。每个人自身都应当得到绝对的尊重。但是，在自我之中还有一个他人，即在隐秘的时间中与之相遇或寻求相遇的他人。这个他人对自我行使着一种未曾协定的、无视互惠性的绝对权利。他完全外在于其他"他者"。他隐秘地索取着我们的时间与空间，而不与我们产生任何交流，不让我们对他是什么、我们是什么有任何认知。我们对他并不享有权利，我们无法对他提起上诉，我们亦不获得任何保障。

不过，当我们专注于共同体中与他人进行交流的合法性时，我们则倾向于忽视倾听他人的义务，并倾向于取消他人所要求的我们的第二存在。这样一来，我们就会倾向于使我们自己在公共权利与私人权利的条件下毫无保留地完全交换。

那么，为何我们仍然是应被尊重的？权利与对权利的尊重归属于我们，因为我们身上的某些东西已经超出了所有被承认的权利。权利并无终极意义，而只是为了保护那些超出或低于权利的东西。苦难、罪恶、无意识、痛苦、羞耻，或者是灵感、能量、激情、优美和才华，我们知道什么呢？

如果人们为了完全摆脱权利的行使，而不去保护那一可能与他人相遇的非人领域，那么他就不配享有我们所承认的权利。如果我们除了已经说过的话之外则无话可说，那么为什么我们还享有言论自由的权利呢？如果我们并不倾听他人之内的沉默，我们又有什么机会找到那些我们不知道该如何说出的话呢？这种沉默，是权利之互惠性的一个例外，但却又使权利被合法化。必须承认"第二存在"的绝对权利，因为正是它赋予权利以权利。而由于它总是逃脱了权利本身，它将永远只能被限于一场赦免。

9．奇怪的同伴

在此，我提议参与一场美国式的讨论。或许干脆说是参与**那场**在整个西方知识界（包括日本在内）持续了二十年的讨论。这里存在着"法国思想"，但在法国思想之中却好像几乎不存在这些辩论。分析法国抵抗国际讨论的原因既是重要的，又是困难的。似乎那些外来的思想命题（当它们触及我们，我的意思是，当它们通过翻译和展示成功渗入法国本土），对我们来说要么乏味无趣，要么司空见惯，要么阐述不够充分，要么框架不够完善。我认为，我们真诚地相信，真正的问题是无需辩论的，它们只能为写作所**容纳**。

准确而言，我在这里的意图是要以一种国际的，特别是"美国"的方式，论证"法国式"的写作对于辩论的限制。1984 年，文森特·德贡布（Vincent Descombes）在《批评》（*Critique*）杂志（第 456 期）上以"横跨大西洋"为题发表了与理查德·罗蒂（Richard Rorty）在约翰·霍普金斯大学的论辩，我将重点讨论其中被提出的几个问题。但这并不是说其他问题在我看来不那么重要，恰恰相反。

首先，我想借用理查德·罗蒂的双重判断，他提出语言"哲学"内在于英美哲学家和法国哲学家各自的语言。罗蒂首先承认，盎格鲁—撒克逊（即传统）哲学家占据着"一个难以置信的立场"，因为"他们声称所有人总是说着同样的语言，词汇问题'仅仅是口头上的'，更重要的是辩论"。他总结道，如果他们能够"变得更像法国人一点"，那就太好了。但接着，他又补充道："我们，盎格鲁—撒克逊人，认为法国哲学会受益于承认：只有当我们能够谈论旧有词汇的不足，并辩证地游走于新旧词汇之间时，我们才能够采用新的词汇。"他最后说道："在我们看来，我们的法国同仁过于想要寻找或创建一个语言的孤岛并邀请人们到此定居，而并不想要在这些孤岛与大陆之间架设桥梁。"

因此，通过把自己置于辩论的方式（genre）中，并希望为罗蒂所要求的讨论作出贡献，我将强调"大西洋"所应负责的分歧之两个方面：第一，对我来说，重要的**并非**词汇的异质性，而是语言异质性（或孤立性）的确切性质；第二，新实用主义所谓的语言的语用学之延伸，远远超出了以达成共识为目的的讨论，而在我看来，我们的美国朋友似乎正在限制这种讨论。

*

可以肯定的是，在一场讨论中，每个对话者都试图与他人分享自己的观点，即试图说服他人。并且，只有当这些观点最初就有所分歧时，这种意图才有意义。人们想要知道，异议（le dissentiment）是如何在讨论之后产生了赞同（l'assentiment）与共识。

在理性主义形而上学中，分歧被认为源于偏见、意见、激情、特殊、情景，即源于各种形式的谬误，而在光明与理性的检验之后，这些谬误就可被讨论消除。因此，我们假设存在一种普遍的理性语言。讨论之所以是可能的，是因为所有观点都能够被翻译成这种理性语言，而且这一翻译还可指出特定观点的错误之处。

如果我们接受这个强而有力的假设，那么应该说，赞同是通过信服（conviction）而不是通过说服（persuasion）获得的。亚里士多德早就清楚地确立了这两种过程之间的差别，他区分了通过逻辑获得的知识（*épistémè*）状态和通过辩论与修辞获得的论证（*pistis*）状态。普遍语言的原则被认为是赞同的唯一合法基础。当我们不**能**（从辩证法和修辞学的角度）或不**想**（从修辞学和诡辩术的角度）使用普遍语言时，我们就只能去说服。接着，亚里士多德继续探索语用学的过程并抽取出了其他获得共识的方式，例如诗歌的或伦理的。

这些区分，在整个西方形而上学思想中以不同的方式持续存在。我们可以将莱布尼茨的思想看作一种尝试，他以完全令人信服的语言即普遍数学（la Mathesis universalis）的语言，毫无保留地弥合了这些区分。但是，帕斯卡尔和康德却保留且强化了这些区分。三大批判分别对应于达成赞同的三个过程，即认识的、伦理的和美学的。就此而言，批判的新颖之处在于，它提出伦理或美学讨论的规则并不比那些主导认识的规则具备更少普遍有效性。不过，前两者与后者并不相同，并且前两者也彼此不同。那么，理性的统一似乎就被破坏了，存在着几种不同的普遍性。设想两个对话者，其中一个根据康德所定义的认知理性进行论证，另一个则根据伦理（或审美）理性进行论证，那么由于缺乏共同的先天语法，他们就无法达成一致的信服。他们只能通过反思判断，就这两种思维过程的异质性达成同一。尽管罗蒂给我对维特根斯坦的解读提出了合理但不恰当的反对意见，但我仍然认为，类推适用（*mutatis mutandis*），"语言游戏"的多样性对同质语言的原则提出了类似的难题。

就这个问题，我将在此提出两点评论，这当然是为了促进最终的赞同。首先，技艺（*technai*）、能力、游戏或方式的异质性所带来的疑问，绝非罗蒂想要让我说的那样，是**学习**每一过程之特定**规则**的能力。显然，确定一种方式的规则对于使用或实践该方式来说是次要的。学习是在对话之中进行的。但我们仍然需要就对话的含义达成一致。我将在最后谈到这个问题。

我并不是要谈到学习，而是要谈赞同的条件，即消除异议的过程，而这种异议则构成了讨论开始时对话者之间关系的特点。我认为我们并不会以相同的方式，就解决二元一次方程、赏析雕塑之美、解释物理学现象、评判行动正当性、决定选举投票的问题提出异议。这种日常的观点远非哈贝马斯时而假装担心的非理性主义，相反，我认为只有它们尊重了理性过程的特殊性。只有承认理性是多样的，理性才能够是理性的，正如亚里士多德所言，存在是多样的。

第二点评论。这种多样性所带来的疑问必须与翻译问题区别开来。后者是一个语言问题。我同意唐纳德·戴维森（Donald Davidson）对于"概念图式"的批评，这一观念为每个对话者

（个人或群体）的习语（l'idiome）所特有，它会阻碍他们进行交流，更不用说（*a fortiori*）达成共识了。就如戴维森所表明的那样，这种图式的观念预先假定了实体、世界、自然、经验、事实，我还要补充一点：普遍语言，它独立于任何图式而存在，亦即独立于任何语言而存在，并且这一图式还将以自己独特的"样式"变形、构成、组建，或者我们可以说：虚构。但是，图式的假设禁止了以图式之外的方式描述这一实体。那么，要从本质上证明这一假设，是令人怀疑的。除非我能将对话者的图式翻译成我自己的语言，否则我如何知晓他的图式与我不同？因此，讨论所预设的异议，总被宣称为等于在一种语言中可被表达的分歧，及在一种和另一种语言之间可被翻译的分歧。

正如戴维森所指出的，这并不意味着存在一种普遍的语言，因为没有任何证据表明这种独特的普遍性。我们只应承认被戴维森称为"善意"的原则，据此，通过承认对方所认为的真命题与我相反，我辨认出我与他人之间的异议。

当我提到技艺、能力、游戏或方式的异质性时，我可以很容易地接受戴维森的善意原则。从认识角度前进的人和从伦理或美学角度前进的人之间所交换的句子，其**语言的**可译性问题并不存在。一种语言的定义，即是允许其中所有句子都可以被翻译成另一种已知语言中的句子。

但是，即使承认善意原则，这也并非是不言自明的：我试图"说服"我的对话者某物是美的这一过程，可以被翻译为他试图说服我某物是真的这一过程。

那么，论证我们所说的不是同一件事，这是没有意义的。因为只有讨论本身才能证明这一点，任何外在的第三方都无法预先知道。(此外我认为，在这个问题上，克里普克在专名问题中阐述的"严格指示词"，尚未在确定讨论之所指中发挥应有的作用。但这一点我暂且不提。)

人们会同意，事实上如果讨论中两个对话者的赌注（l'enjeu）不同，他们似乎就不可能达成共识。但我们还要补充一点，这个假设是不恰当的，因为它把我们置于了"聋子的对话"之中。

上述反对意见的有趣之处在于必须引入"赌注"这一观念。这完全符合维特根斯坦的语言游戏（un jeu de langage）概念。讨论或论证的过程取决于赌注。按照英美传统，我们将这种赌注与意图联系起来。但我注意到，通过将我所说的赌注转化为意图，我们准许了赌注的同质化。事实上，在所有的讨论中，每个人的目的都是为了说服对方相信他所说的是真的。因此，罗蒂所谓说服的过程，以及戴维森所谓将自身所信的真理归于他人，都是由一种普遍的明证所准许的，就好像其实讨论或交谈在所有情况下都只预设了一个单一的意图，即**说服**对方相信我所说的**真实性**。这就是只承认一个过程，即说服，以及一种赌注，即真实。

这种独一性与思辨哲学中的独一性并非不可类比。这一类比是用一个带引号的句子替换了不带引号的句子。我说马奈（Manet）的画《女神游乐厅的吧台》很美。我那戴维森般的对话者听到我说"《女神游乐厅的吧台》很美"，或者"对我来说这幅画的美是真实的"。这就是我的对话者的善意，我们所看到的都是哲理明智的，这当然并非形而上学的，而是元—辩论的（méta-argumentative）。至于我那罗蒂般的对话者，他认为我正准备说服他相信**这一真实性**。因为绘画本身的美只是我看到它时一种的当下感受，我如何能够通过辩论来**说服**他呢？冒着激起新实用主义者愤怒的风险，我来重申一下康德有关审美的二律背反："1. 审美判断不是建立在概念之上的；因为否则我们就可以对此进行争辩了（即可以通过证明来裁决）。2. 审美判断是建立在概念之上的；因为否则，即使它们呈现出差异，我们也无法对此进行争辩了（即无法要求他人必然赞同这一判断）"（《判断力批判》，§56）。

当我谈到《女神游乐厅的吧台》时，我就接受了罗蒂和戴维森的要求。同样我接受这是一个概念的问题，因此也是他们赋予这些话语的真理和说服的问题。但这样一来，对绘画之美的感受似乎就被视为"可阐明的"（《判断力批判》，§57），也就是说它似乎可以被翻译为概念并被加以辩论。于是，由审美到确信的异质性就丧失了，并且美学与辩证法之间、美与真之间的差异也消散了。

我将不再展开康德尝试摆脱这一疑难的种种论证。我只需要借此说明，讨论的原则——罗蒂那里政治性的、戴维森那里语言性的——总是有可能遭遇困难。而这一困难绝非源于不可译的习语（无论是特殊或是文化的）之异质性，而是源于从一种话语方式（无论是在同一说话者的话语中，还是在用同种语言的两个对话者中）到另一种的不可还原性。

这种不可还原性当然不是说"谈论美学"的对话者无法理解"谈论认识"的对话者。相反，我想说的是，异识（le différend）是可能的，因为就戴维森的论点来看，对话者本人可以用多种方法说话，或者我们还可以说，因为对话者的语言承认了完全不同的赌注和过程。我们决不会反驳异识的事实，就像曼弗雷德·弗兰克（Manfred Frank）那样拒绝异识所需要的共同语言。简单来说，语言这个词即英语中的 *language*，其含义如此广泛，以至于它允许了所有的偏移。在此我以一种自然语言的意义理解语言，根据定义，它能够被翻译成另一种已知的语言。

我的对话者们总是把**语言**理解为一种习语，一个理论，甚至是一种文化。我当然愿意接受这些含义，但理论的意义除外。我的观点是，这种自然语言或这种文化特性本身就包含着不同的赌注，它允许了多种不同方式的语用学过程，即对话者的行动。借助那能将美学话语放入引号中的元语言，我们可以将美学方式中所说的某些话转移为认识方式。但是，这些转移从来就不是翻译。我们更应称之为"转化"（réferts）。

（我认为这里的**语言**一词是可以被接受的，但我已经把理论完全排除在外，因为理论完全属于认识的方式。这也正是为什么我并不接受科学范式的不可通约，即不接受托马斯·库恩从科学史分析中得出的结论。）

*

如果我们承认这些异质性，那么我们就不能接受以说服为目的的讨论，也不能接受最低限度的语用学情景即"对话"。罗蒂认为，讨论是暴力之外的唯一选择，仅仅是说服的意图，就足以让越来越多的说话者加入对话者的团体。对话之最低限度这一概念，对于民主自由政治来说无疑是不可或缺的。这并不是什么新鲜事。假如人们承认除了民主自由之外没有其他的政治选择，我甚至看不出如何能够反对他们。这就是为什么我不认为罗蒂或其他人对我的理解是公平的，他们自认为我捍卫着左派、革命主义甚至恐怖主义回响的异识……

但是，为达成共识而将讨论甚至将"简单的"对话视为一项重要政治任务是一回事，而将语言能够构成的所有"使用"（如果我可以这么用词）简化为讨论则是另一回事。对此我将提出两点看法。

第一，在我看来可以肯定的是，即使是在政治领域，亚里士多德辩证法意义上的讨论，也并不足够。其他方式的话语——如修辞的、伦理的、法律的——也必然介入，但不能说它们中的每一句话都可以通过讨论得出结论，甚至也不能说它们都是有待于被讨论的问题。例如，并不存在一个没有最高理想（我倾向于说没有最高义务）的政治共同体。我们应当成为最富有、最民族（nationaux）、最强大、最幸福、最平等的共同体吗？试图在描述性论证之中得出有关这个**应当与否**（*devoir*）问题的答案，完全是徒劳的。论证所能阐明的仅仅是一些过程，通过这些过程，理想被确定，构成共同体的对话者才最有可能集体地接近这一理想。例如，约翰·罗尔斯对于正义的分析就并没有讨论义务问题的答案。他的答案从一开始就已给定：正义就是分配平等。罗尔斯的正义理论仅限于讨论最能确保个人与群体之间物品（即各种利弊）分配平等的过程。但是，就如约翰·雷彻曼（John Rajchman）所指出的，分配平等是否公正，既没有被证明，也无法被证明。这同样也是欧内斯特·内格尔（Ernest Nagel）反对罗尔斯理论的理由。

归根结底，如果没有任何对话者能够理性地拒绝某项义务，那么这一义务（或者以一种相当不确定的方式称作原则）就将被

111

认为是公正的。这与托马斯·斯坎伦（Thomas Scanlon）所捍卫的契约论由此相契合，或者更准确地说，对一项义务不可能有理性的异议，这正是这一义务的正义性之内容。正如斯坎伦所写到的那样："普遍一致的观念构成道德的存在本身。"

换句话说，义务的规范性价值在于这样一个事实，即任何理性的论点都无法对其提出质疑。在此，理性的讨论或论辩的对话就构成一种正义的理想。推进过程（procéder）的手段，取代了过程（la procédure）想要实现的目标。这是一种方式侵入另一种方式的突出范例，即亚里士多德辩证法意义上的认识，侵入了伦理学和法学。然而，这种入侵之所以能够发生，只应被归于正义问题中理性与否的模棱两可。到底什么是理性？

在《第二批判》或者《道德形而上学》中，康德也在道德法则的制定中引用了理性存在的一致性，但这只是为了指引或指导个人的道德判断。我们将判决什么是正义的，**就好像**这个决定将能够被所有人接受为法律的箴言那样。这种可接受性并不是正义的内容所在，而是在"确定"时需要遵循的心理过程，而这一确定只能通过个例和类比来进行。因为，为了满足道德（自由）的条件，首先必须要感到义务的不确定，也就是说感到内容的缺乏。义务必须自我呈现为最初是空洞的职责。它的呈现之特征不是一个概念，而是一种感觉、一种尊重。从自由的反思，到应有内容的获取。如果没有这种最初的空虚，理性将无法实践，因为责任将没有被留下任何余地。如果说法律是可认识的，那么伦理就会被分解为认识的过程。

接下来我想谈谈第二点看法，即讨论优先于语言的所有"使用"。我的保留意见涉及语用学的轴心本身，我更愿意称之为接收者（destination）的轴心。我们认为，在讨论中，说话者和聆听者处于对话的位置。这意味着**我**和**你**（或**我们**和**你们**）的"位置"将由英美传统所谓的个人或群体所依次占据，我想一种更谨慎的说法是：这些位置将由正在讨论中的专名持有者所占据。因此，**我们**就是这样在论证的规则中被预先构成的。讨论的本义即为，**我们**以结构性的方式被事先给出。专名的持有者先天地承认自己在代词互换中是可交换的。**我们**在原则上包括了**我**和**你**（或者**我们**和**你们**），因为辩论的语用学，预设了接收者的位置之名称可互换性。正是这种情形使得罗蒂想要将讨论从**我们**扩展到所有可能的专名上，无论是卡希纳瓦族还是火星人。在不脱离罗蒂思想的前提下，我可以这样将这种情形描述为，一种在可互换性规则下的对话的先决共识。

但是，认为所有对话的方式都提供着相同支配权，那就是错误的了。相反，我认为支配权为认识的或论辩的方式所特有，在其中**我**和**你**（或**我们**和**你们**）的讨论给所指赋予意义。显然，如果是为了使人相信（正如修辞学中有说服力的雄辩），使人颤栗、哭泣或发笑亦即使接收者改变情感状态（正如诗学或美学），或是使人做某些事（正如一般意义上的规定）那么，语用的情形就完全不同了。

我将冒着激怒我们美国朋友的风险向前更进一步。我想知道，当涉及那些被称为写作的、思考的，以及翻译（我在此补充这一点，它远远不应被简化为使两种语言产生沟通的操作）的"方式"（genres）时，语用学轴心的支配权何以体现。在这些"方式"中——我们应该理解这个词并不是指文学或其他东西的体裁，它已被赋予自己的赌注和规则——在这些语言的"使用"

中，确切地说是与语言中的词语、对着语言中的词语，以及在语言中的词语之内进行的战斗中，我怀疑正是对话及其可互换性规则组织了语用的关系。我们更应该自问，蒙田、莎士比亚、卡夫卡、乔伊斯或格特鲁德·斯坦笔下的句子是写给谁的，斯宾诺莎或维特根斯坦的句子又是写给谁的。无论我们找到什么名称来称呼这些**你**或**你们**，我们都会同意，写作者或思考者与被认为是接收者的人之间，在任何情况下都不会是一种对话关系。

我将尝试使用新实用主义者能够接受的术语来表达。我们知道，随着时间的推移，不断有新的个体或专名持有者，依次出现在作品（例如文学作品）所留出的空缺位置（接收者）上。简而言之，他们通过**领会**、阅读、评论和注释来到这些位置上。我在这里忽略了他们领会以及自处为接收者的多种手段。但是，无论是什么情况，阅读的情形与讨论的情形都有很大不同。在讨论中，辩论首先逐步调整着对所说内容的领会，这一进程往往使发送者和接收者的观点更加接近，而这一趋同也促成了他们的共识。然而，在领会写作与思考时，我们则更加期待分歧。一部作品接受，甚至要求以各种可能方式被领会。它不允许强加某种赋予它明确含义并使得它被最终归类的阅读"方法"。相反，它等待着哈罗德·布鲁姆（Harold Bloom）所说的**误读**，即一种对于既定传统的不同领会。罗蒂在《实用主义的后果》(*Consequences of Pragmatism*) 中同样写道："我们不**想要**（*voulons*）这些可以用已知术语来评论的文学作品；我们想要能给我们提供**崭新**术语学的作品与作品评论。"

我暂且不谈这一描述中过于唯意志主义的（volontariste），或许也有些实验主义的方面。我将先说一种含义。

如果一部作品要求评论使用新词汇，那么这就扰乱了评论的传统。这种评论不是为了传统而存在的。因为它打乱了传统。那么，这种偏移的后果该由谁承担呢？显然只有不完全依赖于传统的评论才能够尝试。

我甚至还要再多说一点，"误读"甚至不需要**说出**作品的接收者是谁，它自己就会首先尝试**成为**这个读者。如果我们能对一部作品说出一些从未被说过的话，那么这是因为我们以不同的方式领会了它。在这另一种领会中，蕴藏着我们对写作和思考的尊重。这并不是说我们在寻求创新。我们只是假设作品的接收者是相当不明确的，除了那些我们已知的确定性外，一切仍然是可能的。

因此，在写作和思考的作品中有着一种语用的或者接收者的不确定性。发送者、作家、思想家不知道也不曾知道，他所写或所思的内容是给予谁或给予什么的。他唯一知道的是，**他应当像**他已做的那样，以语用学的方式构造他的写作与思考。虽然他也明白，他所完成的作品无法承担这项义务。他仍然有所亏欠。不确定的接收者对他所交付的作品并不满意，作者仍然是他们的债务人。同样地，作者也将是所有后来的接收者、读者、评论家、注释者的债务人，他们通过尝试对作品提出领会，将自己置于了可能的接收者的位置上。

我想提醒大家，通过将所有这些仅仅源自误读，且仅凭自身就可解释"新术语学"之需要的特征集合起来，我将得出结论：写作和思考的接收者呈现出非经验实体的特征，如果我们想的话，还可以说他是空的，以及超越了所有"真实的"接收者和名称。如果说没有这个多疑的和易怒的实体在呼唤作者，那么作者就不会成为作家和思想家。如果说作品在完成之后不再需要无数次可能的领会，那么作品就不会成为一部伟大的作品。在此，我们触及了辩论的语用学的极限。罗蒂或布鲁姆所说的作品中的他人，并不是一个对话者，即他无法要求作者能够与之交换**你们**或**我们**的位置。在我看来，如果罗蒂本人——仅限于他本人——写作和思考，那么即使是为了表明讨论是唯一重要的事情，他也会被一种从未成为讨论或契约之客体的义务所束缚，换句话说，他成为了一个非其对话者的他人的人质。

我将以一个愿望来结束这些意见：希望实用主义（le pragmatism）能够更多地研究语用学（la pragmatique）。实用主义将首先发现语用学是"内在的"，正如它是外在的那样（如果我可以这么说的话），因为每个所谓的个体都同样是可分的，并且很可能被分为多个同伴——毕竟弗洛伊德至少在近一个世纪以来一直在教导我们，忽视这一点是不理智的。但恰恰相反，我想补充的是，为了认识那些构成了"内在的"语用学之结构的接收地，以及这些接收地的多样性，并无必要承认弗洛伊德的形而上学，也就是他所谓的元心理学。

在这种与"理论的应用"无关的智慧的努力中，实用主义也会发现，为了接受想象、符号和真实的区分（例如至少是作为一种"不持久"的手段），也并无必要成为拉康主义者。如何才能不意识到他人中的真实（我曾挑战性地将之称作超验的，正是他让我们对写作和思想有所亏欠）？如何才能不看到所有可被命名的、经验的或可能的对话者（正如罗蒂的进步主义所期望引入对话中的）都是想象的形象？罗蒂本人如何可能拒绝让他那最低限度的语用学，即讨论，成为共同体制度得以建立所必需的那最低限度的符号?

*

最后,我想回到解决异识的问题上来,这是由上文的含义提出来的。1984 年,罗蒂在发表于霍普金斯的文本中写道:"政治自由主义等于建议我们尽可能地用诉讼(litige)代替异识,并没有先天的哲学理由使得这种努力失败,就像……并没有先天的理由使得这种努力成功。"

我的回答是这样的:有一个先天的哲学理由表明,异识能够代替诉讼,以及有一个先天的哲学理由表明,这种替换完好无损地保留了异识中的语言力量。

第一个理由在于使任何句子都能够被、或允许被置入引号之间的能力。这种能力是我们在讨论中使用(如果我依然可以这么用词)的能力,正如我希望在一开始所表明的那样。

第二个理由在于使任何句子根据不同目的与另一句子联系起来的能力。正如维特根斯坦所说,我们可以打网球、下象棋或打桥牌[①]。语言也是如此:我们可以"玩"真理、正义和美。人们可能会说,所有的游戏都有同样的目的,即赢。但事实并非如此。一个孩子独自玩着碎布,他并没有任何特定的目的。作家也是这样,玩着他那语言的碎布。

只有当我们承认,相同的词语或句子,有时可以被说成网球的小球,有时可以被说成象棋的棋子,有时可以被说成纸牌的卡

---

① 此处的"打网球""下象棋""打桥牌",其所用动词均为"jouer",即"玩耍、游戏"之意。——译注

片，有时则可以被说成破布的碎条时，方式与游戏的类比才能显明地成立。

我再说一次，这也承认了将一个句子翻译成另一个句子并不特别困难（如果除去翻译本身巨大的困难之外。这也许是最为晦涩的语言游戏）。但是，将一个句子的"使用"目的翻译成另一种使用的目的是不可能的。类推适用，你可以用网球、纸牌或碎条替换棋子。但是，你把网球当作棋子的这一行动，与你所赋予打网球的行动并不相同。我将这些行动称作链接（enchaînements）。它只是把词语和句子结合起来的模式。但是，这些模式是异质的。无论是把它们归结为修辞学的变体，还是把它们与语言的语法混为一谈，都是错误的。

现在，假设你和某人开始打网球。你惊讶地发现，他似乎并不以你想象的方式打球，而是把球当作了象棋的棋子。你们中的一个人抱怨道："这不是游戏"。异识出现了。

当我要问哪个法庭将对这一控告作出判决时，我只是在继续追寻异识这一术语所暗示的隐喻。不应该像罗蒂那样反对我引入一个具有"预先标准"的法官。只有在规则或多或少已经确定且明晰的比赛中，就如国际象棋和网球那样，才会有这样的法官。而在这种情况中，你和你的同伴，必须明确你们要玩什么游戏，或者你们想用球做什么。

类比到此结束。因为网球不会谈论网球。但是词语和句子可以将网球作为参考，参照它们的链接模式。我们认为，语言是自身参照（sui-référentiel）的。你向他人询问，他在玩什么。

接着，民主自由主义介入了。它宣布道，他人做出回应是件好事，开始讨论也是件好事。如果你们不对话，他继续玩他的游戏，你也继续玩你的，你们就不能一起继续玩下去。我同意这一点。通过探究你们想要玩的这个游戏的本质，你们使这一游戏参照你们的讨论（你们做了一次"转化"）。诉讼取代了你们的异识，你们能够就如何继续下去达成一致。但是你们仍需证明，为什么一起玩总是**更好的**。小女孩和作家用他们的碎布发明或发现了许多东西。我们必须以远远超出维特根斯坦借以质疑私人语言（le *private language*）的方式来处理孤独问题。

回到我自己的论点，你可能会反对说，作家和小女孩只是作为"个人"是孤独的，但在他们的亲密关系中，总有几个同伴（无论他们是否意识到）参与着他们的游戏，并与他们进行着内部讨论。

但是我们能知道什么呢？如果我们假设亲密同伴间的分歧永远不会到诉讼的程度，我们只能说他们是在进行内部讨论。这也就是说，我们承认小女孩和作家只是在经受一些可由内部辩论解决的犹疑和矛盾。这正是个人概念的前提。

我想上面这种情况确实可能发生。但是并没有先天的理由能够排除另一种情况，即亲密同伴间的异识。这种情况被"外部性"所代替：你用球打网球，而你的同伴则用球玩一种你不知道的游戏。你向他询问他在玩什么，**他却不回答你**。此时怎么做才是理性的呢？

我认为，合理的做法是尝试学习对方的游戏。这就是小女孩和作家在他们各自的内部异识中所做的事情。作家试图去学习，如何按照他假定的哑巴"对话者"的方式排列词语和句子。这就是所谓的写作，并且我认为思考也是如此。如果说在思想和文字作品的事件中出现了新的东西，那么这只有在这种语用学的无序中才有可能。

我所说的无序，是指个人内部或个人之间针对某一确定对象进行自由讨论的任何条件，都没有被满足。在这个意义上，我们可以谈论暴力。暴力绝不意味着房间里出现了警察，他们在恐吓中迫使对话者之一承认了对方的论题或游戏。暴力在于这种两难困境：第一，你要么拒绝你同伴的未知游戏，甚至拒绝认为这是一个游戏，你赶走他，拿回了自己的球，然后又去寻找了一个有效的对话者；这是对事件和未知的暴力，这样你就会停止写作或思考；第二，你要么对自己施加暴力，试图学习你那沉默的同伴强加给球的动作，我也想说的是：强加给词语和句子的动作，而你对此选择无视。这是学习思考或学习写作的暴力，它涉及所有的教育。

我认为暴力是无法回避的，因为我相信与这个奇怪同伴的相遇是无法回避的。更重要的是，我认为暴力是构成性的，就像与无法命名的接收者相遇的作品之构成性那样。甚至很有可能，这个接收者和同伴是一个人。但是我们能知道什么呢？

你们，我的对话者，可以领会这一切，我们可以讨论它，一起解决它，也许还可以就这个他人的问题达成共识。我们会同意这样的说法："是的，有一个奇怪的同伴；是的，有一个无法命名的接收者"，等等。但是这种赞同之所以可能，是因为我们在讨论时，这个同伴、这个接收者、这个他人，并不是属于我们的。讨论先天地排除了他，因为他并非对话者之一。他只能用第三人称被承认，就像我们现在正在讨论的那样。这就是我所说的将之放入引号。我们通过**引用**将他传讯。然而，当我们在写作或思考中遇到这一他人时，他根本不会**到庭**：他几乎没有**出现**，也几乎没有我们的**陪同**。我们如何能够和他一起成为自由民主主义者呢？

因此，我的结论是，想将诉讼的秩序强加于异识的无序，并不比相反做法更加合理。提高讨论的能力是一件好事；增加对事件的感受力同样也是好事。

从这一结论中，我想要让读者得出他所认为的适合处理跨大西洋关系的方式。就我而言，我认为罗蒂所呼唤的"伟大土地"本身并不可取。它将被或者已经被元-会话（méta-conversation）的帝国及交往语用学所占据。在我看来，守护好我们的小岛才是更明智的做法。我指的是异质的话语的"游戏"或"方式"。无论是在美国，还是在欧洲，围绕着他们的秘密海洋，正是反思的语言。

10．仆人指南

安德鲁·本杰明（Andrew Benjamin）请我为他编辑的《利奥塔选集》写一篇小前言——很短，只有四五页纸。就像这样，随手就写了。好像这是自然而然的。然而，关于《利奥塔选集》，或者关于利奥塔本人为这本选集撰写前言这一事实，都并非是自然而然的。或者你会说：前言（*Foreword*）。在一些词句之前写下一些词句。一个关键词，为读者（*reader*）提供阅读《选集》（*Reader*）之词句的线索。

人们认为（我同样也认为），写作的人、作家，在极少数情况下才会是自身的第一个读者，会是他／她自己的第一个读者。我们可以坚持阅读在写作中的这种优先或首要地位。二者显然是连贯的。如果我们不阅读自己的文字，那么我们就无法写作。当然，如果我们不重读自己的文字，那么我们就也无法写作，但是，最首要的仍是阅读自己（se lire）。显然，我们以自我理解（s'entendre）而写作。即使我们尝试着不去听见（s'écouter）

自己。

有时我们也以自我倾听 ① 而写作。自我理解的写作则是另一回事。当我们理解时，我们仅仅领会了那些有待于被写下的事情。我们没能完成。我们继续前行。我们不太在意写作方式。因为我们相信它。我们走在写作之前，要做的就是把它引向正确方向。我们只需设定方向。它便会随之而来。它将能应付一切。

而当我们不相信写作方式时，我们就会以自我倾听而写作。我们约束写作，让它变得严谨、经典、学术。我们论证，我们指向某人。或者相反，我们忽略写作，试图使它看起来粗糙草率。这种倾听受到了批评者的负面指责，而我却想要为之辩护。它表明了我们对于方向的不确定，我们有些、甚至非常迷茫，我们恐惧，我们觉得自己没有足够的力量去思考。而所有这些都是正当且诚实的。我们不仅体会到了这种屈辱和焦虑，我们还通过写作的冗长、严谨和拙劣来标明了这一点。这激怒了读者。但这种愤怒却是好的。这与作者的焦虑同属一类。作者也未重获正常。他写得太多，不堪卒读。

但有时，我们在写作时似乎也没有自我倾听。我们的耳朵只能听见到来的事情。对于所有写作且阅读的人，这都是一种恩典。这是恩典。这是写作的幸福。然而，这也还是一个巨大的错误，一种自以为是，一种对于写作的盲目信任。我们好像只会献身于思想的高贵作品。剩下的事情就留给仆人，他们要在文字的行列之前，把所有激起思想的东西整理好。在词句形成的边缘，在词句与白色天际的相交之处，思想冉冉升起。笔尖正在沉淀内

---

① S'écouter，字面意思为自我倾听，亦有注意说话或写作之内容和方式的意味。——译注

容，我们把管理这些内容的低贱任务，交给技巧、才华、和我们已经成为了的明智读者。

首先，便是对这种才华、这种打磨的自以为是。仿佛当你前行时，词句的顺序会在你身后自行解决。接着，还有一种另外的自以为是，那就是你会让自己被那些你尝试思考并进而写下的东西带至生动、强烈和同一。上帝的恩典从来不是如此，我们要重读自己。

我们提前重读自己。我们将要重读自己。有待被写的东西并不质朴。它需要被点缀，有时是一些形容词或副词。有时则是突然从空白处冒出的完整句子。但是，这些自己出现的句子或词语可能遮盖了本来要表达的思想。我们相信自己能够辨认出词句。而在认出词句的同时，我们却错过了思想。因此，我们不应去理解、去尽可能正确地阅读，而应去重读。置身于已经清晰可辨的词句中。这种重读也是一种预读，是一篇前言。这是那个在写作中尝试理解的人的绝望。这是一种声音，或动听或刺耳，或容易或困难，但总能够被辨认，它在思想的边缘产生，我们没有足够地、长久地倾听它的沉默。在思想到来之前，仆人们整理得太快太彻底，以至于我们没能好好迎接它，这也就是说，思想被压制，被歪曲。太多的秩序、太多的语言、太多的才华，以及太多的写作惯例。

此外，我们如何知道这种被整理好的思想是不正确的呢？我们如何将其与应有的思想进行比较？难不成也要将后者进行一番调整？这样的话，写作的恩典和"幸福"就都将终结了。否则，我们就应进行一次整体搬离。换掉所有仆人。不再贪图便利。并从而重新倾听自己进行写作。配备些其他的仆役服务。寻找些更不、或者更加言听计从的仆人。

词句的不断更新，正是写作之思想的谦逊与正直。这是一种无限的尝试，就像翻译一样。这项所谓的"纠正"(correction) 工作，亦是对一门已知的、可被识别的语言的更改（incorrection），我们不知道如何去完成它。无论是要"纠正"，是要扔掉几页纸，是要用一个词替换另一个已经写好的似乎很合适的俏皮话，还是要否认和取消一个词而赋予另一个以准许（后者或许更普通，或许更深奥，或许更平实，或许更出人意料），为了写得"更好"而写作并重读的人总是一无所知，他也不可能知道他在从事这项苦工时到底在做什么。他所知道的只是，如果不倾听词句，那么就无法理解思想。

现在，想象你有一位叫作安德鲁·本杰明的朋友，他决定凭其喜好，从你四十年来的潦草文字中拾取一些片段，并把它们整理成英文出版。

接着，他来对你说：帮我给这本文集写点前言吧。正如我刚刚所表明的，这是最应该避免的事情，因为这阻碍了已经到来的思想。这是一篇预告。（大家都知道，前言就是后记。我们还可以设法让前言或后记的表述不要太过。）所以，读者们，我必须预先把在我这里到来了的所有思想和文字告知你们（或是为了让你们对此产生反感?）。而你们，都是说英语的人。

一个说英语的人，在过于热情或过于无秩序的仆人中间挣扎着思考，就像我刚才所描述的写手或作家那样。但这并非我的语言，而是另一种语言。我所说的语言，不仅仅指语法、词汇和音位，我还指一个巨大的网络——每种语言中的每个人都是独特的，但是不同的语言之间也有着集体差异——在这个巨大的词句网络中，作家试图为他的思想留有空间。这是他的文化，正如人们所言，也是他的世界。我清楚地知道说英语的人也在思考，但他有另一个家园（ménage），有另一套进行整理（aménager）和搬迁（déménager）的方式。

就像我的思想一样，他的思想也是可翻译的，因为语言是可以通过猜测来翻译的。所以他的方式也是如此。但是，我们很难区分外语文本整理组织语言和进行腾空搬运的方式。因为我们不仅不了解他的家，而且还不知道他是如何居住的。然而每个人居住生活各不相同，这就是他的独特性。并且，从一种语言到另一种语言，生活方式的范围也可能不尽相同，至少它们的有些地方无法完全重合。我们很难知道。

我们所能知道的是，在别人家里时不能跟在自己家里一样。你无法自如地思考，无法维持或打乱秩序。你无法掌握重读和未读的内容，无法控制再现、显现以及共现的区分。我们不能清楚地听见仆人们的声音。我有过这样的经历（当然并不具有代表性，因为我的英语还可以），我曾大胆地用英语进行写作。不过我确定我的文章在出版前会被一位说英语的朋友重读一次。我也确定这位朋友戴维·卡罗尔（David Carroll）会善意地嘲笑我的英语，而且会毫不吝惜自己的能力、智慧和时间，以确保英语读者们不会笑得太厉害，并确保他们所能嘲笑的只有内容。

卡罗尔是翻译吗？不，他只是纠正我的英语。他是合著者吗？不，书并不是他写的。他是改写者吗？不，他没有改变笔调，也没有重新使文本达到责任编辑或文集主编的固定标准。他是校对人吗？在这种情况下，他所修改的并非校样，而是语言。我们可以把他称为合作者（co-writer），在我们所处的世界性的或巴别塔的情景中，这份职业大有前途。在此，作家或写作者会立即对非母语者（allophone）讲话。因而这种对话必然是笨拙的。这是一种非母语或变体书写（allographie）的情景，一个尴尬笨拙的环境。

至于那些家中事务，变体写作者（allographe）可就有事做了！他所面对的这门外来语言并不会自己收拾整齐。恰恰相反，这门外语所表达的东西总是跟它原本所想的不一样，它的含义过分漫无边际，更不用提那些句法错误和词义混淆了。不知道在何时何地以何种方法，它还会奋起反抗并误入歧途。在重读《仆人指南》时，我突然想到，斯威夫特（Jonathan Swift）[①]那鼓励傲慢、幻想、破坏和不忠的仆人之家，正是对变体书写的一个绝佳隐喻。

变体写作者并不能在前面所说的意义上自己重读作品。本该为他整理出他试图思考的东西的服务人员，却使用了另外一种语言，而且是以一种令人不快的安排。主人所思考的（我假设的是斯威夫特的英语）和在大众间被执行（即写作）的（应该是爱尔兰语），二者之间的结果不可能是好的，除非是出于偶然。说法语的人用他不懂的英语写作，也是这种情况。他将负有一种不负责任的特殊感觉。他不自己重读，他知道这只是浪费时间。他不可能做得更好。他只能去做点别的，可是天知道要做些什么！一个渴望统治的主人，由此被剥夺了权力。这种不幸的经历，在我的记忆中就像患了幼稚病或经历了一次语言上的醉酒。

我再来谈谈翻译。这又是一个斯威夫特式的仆人的例子，但

---

① 乔纳森·斯威夫特（Jonathan Swift, 1667—1745），爱尔兰作家，代表作《格列佛游记》《一只桶的故事》《仆人指南》等。——译注

是却有着其他的理由。这并不是说翻译者是一个邪恶的仆人。相反，他像一个多年的侍从那样热忱勤勉，也像一个廉洁的女仆那样忠心耿耿。就像他们那样，翻译者能够凭借长久的交往、对主人的爱戴、正直、谦逊，按照他所收到的指令正确完成家务，就仿佛是主人亲自做好的那样。

或许没有什么能比好的译作更令人钦佩的了。这是因为翻译过程中的牺牲精神。这比技巧能力上的原因更加有力（没有前者也就不会有后者）。牺牲精神激起了道德上的尊敬。因为竟然有人有能力且知晓如何偏向他人的想法，而不选择自己的想法。同时，当家务完成后，他（翻译者）却又不再偏向他人所写，而是转向自己能够就同一主题所写的东西。不过，如果可能的话，他还是更喜欢他人那未经整理的思想。因此可以说，比起他人那里的混乱，翻译者不仅更偏好自己的秩序，而且也更偏好自己的无序（因为作为翻译者，思考和写作都不能少）。这就是爱的巨大作用。我们所爱的不仅是他人身上已经诞生的东西，而且也爱那些将要出现的东西。我们不仅要让这些东西再次诞生，而且还要求它用"外来的"语言诞生。作为好的翻译者，我们没有喜好，我们不仅要尊重思想，我们还要像已经说过的那样尊重"思考的方式"。

作者能对翻译的完善与否做出评判吗？当然不，除非他能熟练使用两种语言写作。唯一的评判人应该是完美的双语者，或者说应该是完美的双语写作者（无论他是不是作家）。完美的双语者就像是精准的耳朵、前巴别塔时代的幻想、从不停歇的神圣听众，对他们来说，任何和声与色彩从不遮掩自己。这就是翻译所要达到的理想，即一场完全无需翻译的跨语言交流。让翻译本身变得无用甚至不可能，并消除语言之间的差异隔阂，这才是翻译的动机。

然而恰恰相反，翻译是一项无止境的工作，外来文本的方方面面都需要被重读和校正，因此翻译者不是因为满意而停止，而是因为疲惫而停止。任何译作，即使是无与伦比的著名译作，都必须在几年之后被重新翻译。

就像在写作中那样，一个突然出现的优美词语尤其可疑并且也应当被怀疑，同样随着词语而来的东西在华丽的辞藻中也变得令人怀疑。在此，我们希望恢复之前到来的本真坦率（但在翻译的情况中，之前到来的东西来自他人的思想，即被翻译者的思想），毫无修饰。我们坚持尊重一种坦诚，让新生的思想穿透它铭刻在语言中的变装。然而，仍然像在写作中那样，这里的孩子从来都不是赤裸裸的，未经穿着打扮的语言甚至从未被表达出来。但是，表达总是糟糕的，而这只是因为，它是被表达出来的。

正是在这一点上，翻译和变体书写恰当地说明了写作和重读的关系。二者分别以忠实与不忠的两个极端例证，说明下笔意味着预先的铭刻，而写作则意味着预先的重读。我的结论并不是说，那些面向白色天际的作家或写手会发现一个已经写好的文本，他们只需对此稍作修改，或者在必要时翻译一下，总之是将它原原本本地读出来。这样的话，预读永远不过是一种偏见。

他遇到的不是一篇文本，翻译者也不是忙于一篇文本。可以说，无论是作家、写手，还是译者，他们面前都有成千上万的文本。这织就了文本的结构组织。甚至，没有结构，或者没有文本，这将是一个宏大的秩序，纬纱有规律地穿入经纱并与之契合。经纱构建稳定，纬纱精巧有趣。经纱强大能干，纬纱高效出色，等等。他们没能找到这种美丽的排列，甚至也没能找到这种秩序的简单复制。他们找到的，只是文本的碎布和破纱。这也就是他们自己的文化，无论这是英国的、法国的还是爱尔兰的。这是他们的阅读"包袱"，就像装在手提箱里一样。这是他们阅读的过往，过去的词句并未显现，但却随时准备呈现在作家—写手或译者的脑海中。他们自己的文本和译文显然也混在这堆碎布之中，而并不比其他东西更容易辨认。

当然，这不是他们的全部过往，而是几个片段。是当一个词作为"思想"、作为有待于被思考的东西被强制规定或自我强加时，那些已经呈现或已经准备好去呈现的片段。我想说的是被要求探讨的主题（为了研讨、讲座、期刊、书籍）。一份委托工作。例如，安德鲁·本杰明请我为《利奥塔选集》写一篇前言。

问题随之而来：要求的主题到底是什么？前言、利奥塔还是选集？或是某种三者的可能组合？每一个词、每一种组合都将引发写作、阅读、重读、翻译、变体书写和背叛。

或者并没有什么要求。没有什么看起来像是要求。你自主地写作和翻译。有时我们似乎是在没有要求的情况下写作或翻译。但是，事实并非如此。总有一个词或一些词常常被重读和误用，它们不是为了让你隔离某种语义场，而是为了要求你以某种方式在重读（白色天际）的破纱布中翻找搜寻。要么顺利，要么失败，这是方向的问题。如果失败的话，你就以自我倾听去写（译者即是一个不倾听自己就无法写作的完美例子）。如果顺利的话，你就不会有时间，你追着你笔下那跃然纸上的文本碎片奔跑，你快速地记录，并对自己说：等会再仔细看，后面会看的。家务整理是稍后的工作。

　　但是，即使碎片顺利到来，也总有已经整理好的和将要去整理的。已完成的家务又已经被打乱，因为到来的总是碎布。对于写作的你来说，对你的秩序感来说，这些家中事务都将被打乱。然而这种搬迁（déménagement）也是一种整理（aménagement）。被邪恶仆人破坏的秩序构成另一番秩序。仆人之所以拒绝服从是因为他们顺从了其他东西。你不是他们的主人，这并不是因为他们有另一个像你一样的、只是在名义上不同的主人。他们的邪恶，也并不是因为他们实际上在为别人工作这种简单的不忠行为。他们背叛你，不是出于对他人的尊重，而是出于另一种尊重。他们手下没有你所声称的属于你的其他仆役。他们服从自己的记忆，尊重思想的共性。词句能够记住词句。

　　这是另外一种记忆，比作家或译者所想要的更加忠实。仆人们在你的思想秩序中放满破纱布、拒绝你的要求和命令，这一背叛，是忠实的记忆。通过他们谦恭却无序的违抗，他们之间的词句达成团结。他们在撤退时相互支持。将领和王子不再让他们排成一行、面向天际正面作战。他们已经在一场或多场打响的战争中受了伤，他们在相互援助中撤出前线。有多少文本，就有多少战争。受伤只是因为他们极少死亡。他们破衣烂衫，但是词句的破纱布却是好的。这就像他们的童年，在他们假装服从、长大成人、投入战斗之后，又被归还给了他们。他们已经被战争的统帅（作家、写手、译者）阅读和命令，由于战败（因为任何文本都是失败）而变得不堪卒读，他们被抛在一旁，一瘸一拐地彼此搀扶，聚集成一群无所事事的幸存者，仅仅保留着自己的一副皮囊。这就是你那著名的包袱。这就是你的过往，他并不被归于你，而是应当比你更久远且与你毫不相像。他不是你的儿子，也不是你的父亲。他和你没有什么特别的关系。

而你，你会成为什么样的人呢？对他们发号施令的将领？把他们织入经纱纬纱以编就你的文字的纺织者？向他们发送厨房订单的老板？但是，即使你要这样做，即使你不能不这样做（因为你那关于思考、写作和翻译的自以为是），我还是要再说一遍，他们会按照自己的意愿行事，或者差不多会是这样（对他们的反抗还是必须留些商量的余地），你不能指望他们的善意。你将不得不一直重新阅读，也许抱着纠正的希望，去协调你的要求以及他们的执行情况。但这永远不会结束。

所以我们一边写作一边重读，并且重读着所写的内容。在这两种情况下，我们都会重写。而这两种情况也都或多或少存在着变体书写。未写的和已写的还没有太大区别。我的意思是，我们不能不以自我倾听而写作。听自己的声音，就是听溃乱的词句大军如何吵嚷。如果不去听这嘈杂，那么就不能领会思想的到来，因为思想从那里产生，从那里走出，又试图进入那里。

这就是这本《选集》的每一位翻译者对其法语文本所做的工作。这也是编者安德鲁·本杰明在汇集这些文本片段时所做的工作。同时（我希望）作者利奥塔在他的思想中也做了这些。是否有必要让最后这个人回到这里，不是让他把他的阅读指令强加给聚集在此的英语大军，而是给这支混乱队伍增添一种新的混乱（如果他是忠实且真诚的话）？这当然没有必要，但他已经这么做了。

11．可能的纪念碑

通过这些天由亚历山大城支持的博物馆日活动，组织者们呈现了一出把西方第一座博物馆（Mouseion）与我们当代博物馆进行比较的幻影。然而，这种类比具有欺骗性。马尔罗（Malraux）① 曾两次在《沉默的声音》（*Les Voix du silence*）中驳斥道："在亚历山大，博物馆不过是一座学院"，以及"面对一个近百年来已切除了它那源自洞穴时代之梦想的世界，我们与亚历山大的相似之处根本微不足道"。什么样的切除？所谓的"现代"世界被剥夺了合法性，甚至也被剥夺了相信自己合法性的能力。保护自己和外来文化的过去与帝国主义的痴迷毫无关系，这种痴迷——保留全人类的完整记忆——带来了托勒密王朝首都的千古不朽。托勒密王们从亚历山大那里继承了这种狂热的冲动，这与其说是征服的激情，不如说是共融的弥赛亚主义：帝国就是

① 安德烈·马尔罗（André Malraux, 1901—1976），法国著名作家，曾出任法国文化部长，代表作《人的境遇》《反回忆录》等。——译注

133

神秘的博物馆。亚历山大也许是第一座绝对的城市，在这座城市（l'*Urbs*）里，整个星球（l'*Orbs*）都应该来纪念自己、标记自己和注释自己。这就是西方未来很长一段时间的荣耀，在帝国王权下，超自然现象得以显现。基督教作为国教，在管理人和物时遵循这一亚洲式的合法性原则，并将其传给了最后几个现代帝国。

经过几个世纪的动荡，帝国的形象在今天已被西方摒弃，一种不同的荣耀观念占据着统治地位，它是世俗化的、批判性的、完全建立在共和政体的美德之上，并且起源于解放了的古代城市。当超自然现象从政治领域消失时，博物馆就像亚历山大灯塔（le Pharos）和塞拉皮斯神庙（le Serapeion）一样，失去了它的象征意义。它进入了我们的现代博物馆，成为另一个时代的见证，或许，这也是另一种书写的见证。

正如现代首都数量众多且相互竞争一样，它们的博物馆和图书馆也处于竞争之中，没有哪一个胆敢声称自己收集了文明的全部记忆。由于它们并非详尽无遗，它们也知道自己注定需要转变——这也就是马尔罗所说的蜕变（la métamorphose）。

*

接受这种不完整性是有科学道理的。当代博物馆将自己定位为研究中心，它借助探索和确定新文献的相关科学技术来进行研究。与"硬"科学所努力理解的事实之宝库一样，博物馆所研究的时代与领域的资料永远不会达到完备。正如所有的知识那样，某件东西的发现（l'*inventio*）将迫使博物馆大幅改变其藏品及相关假设。从这一认识的辩证法中可以看出，只有"渐进的博物馆"

（*progressive museum*）的形式才适合当代博物馆的设置。就像资料永远不会完整，展品的**汇编**（le *corpus*）也在不断扩大。管理员与馆长，以及策展人，必须决定什么值得保留、什么值得展出。而当涉及当代欧洲民族学的档案或藏品时，困难则尤为突出，因为几乎没有任何东西未被或者不能被自动存档。我就不"从头"——列举这些记录方式了，从军籍薄和户口本，到电费和电话费消费记录，再到广播和电视录音，又到税务通知和信用卡账单。

在此，收藏工作受制于对藏品目的的一般假设。藏品必须去展示甚至证实关于存档行为之意义的假定。但是，以收集的材料而进行的**展览**也必须有其意义。这种意义并非是简单的论证意义，而是一种因展示方式而产生的意义，一种"美学的"意义。理论的概念必须以某种感知和驱动的倾向铭刻在参观者的时空之中。在这里，馆长、管理员和／或策展人就像艺术家一样工作。材料越丰富，他们就越需要创造出更多的呈现形式——就像当代作曲家面对合成器所能提供的无穷声音序列时，他们自由地将之组合成"任意"选择的结构。丹尼尔·布伦（Daniel Buren）将艺术展览的策展人视为唯一真正参展的艺术家，这并没有错。但或许他没有理由对此感到愤怒。当可用的材料开始如不断扩大的世界一般激增时，我们很难想象如何才能避免这种呈现的审美化。

但是，研究工作的认识论地位与展览的美学模式遮盖了纪念活动（monumentation）或者说博物馆**纪念**（*monumention*）那必然不忠实的本性。我想用这个有些不规范的术语指明一个简单的事实，即任何一件展品，无论多么无足轻重和平庸粗俗（例如杜尚的小便池），一旦它被贴上识别标签并进入博物馆，它就会变成一个纪念碑（monument）。

纪念碑（monument）一词与来自同一词根的两种形式相呼应，即 mon- 和 ment-。印欧语系中有很多以这个词根衍生出来的词汇，例如 mind 和 meaing, meinen, mens 和 memini, dimenticare, mémoire, mentir 和 démence，等等。Monu-mentum，对于 moni-mentum，就是一种混合词（又要提到杜尚），这从一种角度上说是指保管的精神，从另一种角度上说则是对精神的保管。思想（mens, mind）引发警觉、发出警告（mentio, monitum），而在警觉中就产生了意义（mean, meinen）。

我们并不过多讨论词源，但拉丁语中的 alertis，即**警觉**（alerte），呼应于古法语中的 erte，也保留在意大利语的 all'erta 中。如果没有警惕的呼喊，精神和意义就会缺失或者迷失在沉寂（l'inerte）中：这就是精神错乱（amentia）或智力衰退（dementia）。

博物馆去纪念。这是一种精神，关心自己曾经可能是什么又做过什么。它竖立起自己的遗迹并将之悬置。它将遗迹转化为痕迹，而痕迹则是不经意间被撕裂的残骸。沉寂被遗忘，思想也走入歧途。博物馆以一种"论述"（comm-mentatio）的方式唤起了思想。因为所有事件，无论是实践、作品或是物体，都会违背它所经历的东西，并在遗迹中变得模糊不清，于是我们很快就不再知道这些遗迹是什么了。博物馆竖立起这些粗略的遗迹，并使其成为痕迹。它呈上了一种记忆。

*

我们似乎有充分理由控诉，纪念的痕迹并不忠实于曾经的事件。它已然失去了实践时或作品产生时的"在场"与"鲜活"。事实的确如此。但是，难道说博物馆的精神就是要"活生生地"展示过去的当下吗？现实的事件如果曾经存在过，那么它注定会被遗忘在沉寂的遗迹中。它必须被忘记，然后才能作为自己的痕迹被铭记和评述。只有这种苦行，才忠实于这一表象时代对于存在本身的回避。

不忠实的纪念或博物馆，被木乃伊般悬挂或陈列的实践和作品，都是在尊重一切存在之转瞬即逝。如果声称要将过去的当下完全恢复成现在的当下，那才是荒唐的。这种荒唐是由于一种本体论意义的遗忘：我们忘却了，所发生的一切从一开始就在被推迟和疏远，它注定被遗忘。由此，我们消除了警觉和记忆的可能性。因为思想（mens）不过是警觉（mentio），这是因为思想受到遗忘的威胁。而忘却这种遗忘才是对它最大的威胁。

对遗忘的忘却不仅为现实的再度上演提供了机会，而且对所有形而上学都至关重要：通过努力呈现事物本身、终极本源、上帝、存在，形而上学忘记了在场的缺席。要让一切都在场，这是西方思想的贪欲。这也是亚历山大的狂热。博物馆的智慧是和蔼亲切的，它将痕迹与事件之间的距离拉开，从而让两者或分离或统一，并进一步将这种距离强加给参观者。博物馆里悬挂或展出的任何东西都不会以当代的眼光被看待，即使它在时间顺序上位于当代。我想，这就是如何理解德奥特（Déotte）所说的展览（expôt），即从沉寂之中提取积淀物（dépôt）。

*

这是否意味着纪念或博物馆的陈列是一种重新书写（réécriture）？这未免就说得太过或太不足了。重写就是一种写作，并且所有的写作都是一种重写。前缀"ré-"所表示的收集和回忆的维度，以及笼罩于其上的博物馆式的怀旧，标志着书写总是通过沉寂中的遗忘而**恢复**（*repris*）并在其之中被恢复。书写就是警觉地呼喊，或者是去追寻遗迹。并不存在一种即时的书写。书写是一种叙述（*rend* compte），一种没有书写就将失去的叙述。在此过程中，书写使不存在的、逝去了的存在，成为了叙述事件的存在。除了在现实主义或形而上学的幻觉中，正是书写使**存在**成为存在，虽然这却是一种缺乏存在的存在。

这不仅适用于书写的对象，即书写所指的内容，也适用于书写的主体，即作者。我们更可以称之为签名人。如果他要被纪念，那么他也必须被遗忘。事实上，所有的签名都要求消除签名人在其所签署的资料中的存在。因为签名的确是一个活生生的身体以一成不变的手势留在资料上的印记，而这却能让后人知道他**将已经**（*aura été*）出现在资料所提到的事件中。通过手部的奇异抽动，木乃伊般的签名手势变得可被识别，这预示着那只手与身体的消失，并使得他的名字代替了他的在场。名字摆脱了在场的兴衰变迁。然而，签名证实了带有这个名字的身体确实就是事件发生当下的那个人。它在场化了他的缺席（présentifier son absence），并使他的在场最终成为缺席（absentifier sa présence），这就像纪念性的书写对其所指所做的那样。签名同样也会留下痕迹，它警示了一个注定被遗忘的存在并防止着遗忘的发生，但同时它也表明，这一存在本就应当被遗忘。

在此我引用一下多洛雷斯·吉泽克（Dolorès Djidzek）未发表的一篇有关自我书写（l'autographie）的文章。这篇文章的主

138

题对于理解下文关于博物馆和马尔罗的内容非常重要。文章表明，没有什么不是被书写的，仅仅是存在的东西并不存在，而是将消散于遗忘的夜晚。书写的存在并不源于它本身以外的任何东西，这就是为什么吉泽克称之为自我书写。书写所指向的对象的**汇编**，正是由书写所建立起来的。而那所谓作者的身体，也正是由书写所设立的。通过使用作者的名字进行自我签署，书写自身便证实了这些对象。书写非但没有将这些对象归入自身或是赋予它们自书的存在，反而警醒自身（如果我可以这么说的话）注意它们的非存在性，并根据它们不稳靠的外在性，将其铭刻在存在者与存在之间的距离中。

这种距离把先将来时的模式强加给对象和签名人：他们将已存在，他们将已完成……这种时态意味着他们已经消失，也意味着他们仍未消失。消失得如同存在那样，持久得如同书写那样。他们必须被写下，这样才不会忘记他们将像存在那般被遗忘。这就是遗迹蜕变为痕迹的过程。痕迹：存在者的虚无转变为非存在者的存在。

博物馆中的物品，和在这些物品或识别标签上留下签名的身体，二者形成的种种**汇编**不正是如此吗？博物馆在展出这些物品的同时，难道不是仍将它们置于一种忧郁的缺席状态吗？书写、签名、警示和纪念之间有什么区别？所有这四种方式都受制于严格的法则，即只有通过向虚无致敬，才有可能创造存在。只有留下了遗迹，才能去追踪痕迹。

*

根据一种相当传统但忠实于先将来时的倒装方式，马尔罗作品的开端应当从其结尾写起。《想象的博物馆》(*Musée imaginaire*, 1951) 和《众神的蜕变》(*La Métamorphose des dieux*, 1977) 的基本论点已经以其他形式出现在他的早期文本和五部小说中。但是相反，我们也应该指出，他早期作品中表现出的极端虚无主义正是他有关博物馆思想的后续，或许也是回应。甚至，还是一句对于回应的结语。

将他的早期作品置于双重信念的印记之下并不过分，这种信念永远不会被违背，而且与自我书写的主体密切相关：没有任何存在是有价值的，甚至没有任何存在是存在的；只有书写（马尔罗通常称之为创造）才能使它所签署的东西成为存在。这种坚决的失望，往往被贬低为对世界之荒谬性的片段想法，但是索雷尔、巴雷斯和纪德所继承的尼采遗产，以及（并非没有关系的）圣约翰和圣伯纳德、帕斯卡尔、陀思妥耶夫斯基和贝尔纳诺斯的黑暗基督教，都证实了这种失望。并非没有关系，是因为尘世中的绝望和解救它的承诺之间的张力——这种基督教流派特有的张力——赋予马尔罗的作品以独特的神学转向。这或许也驱动了他有关博物馆之结论的赎救意义。

*

上帝已经退出了这个世界，并将之抛弃在行动和作品的暴力和空虚中。人类的历史与动物或星辰的历史没有什么不同，都不过是必然和偶然的混合体，也都不过是盲目的。尽管自我的自恋情结小心翼翼地包裹着自己的存在，但个体生命的历史同样是不可靠的：自我，用著名的帕斯卡尔式口吻来说，就是"一堆可悲的小秘密"。我简单地说吧：**像这样的**所有材料都不会得到承认。任何材料（la donnée）一经给出（être donnée）便毫无意义了。捐赠者（le donateur）已经破产，马尔罗并不是接受赠予，而是直接拿来。征服、意志，他重复着。而一定的现实主义，恰好足以让上述现实蜕变。蜕变，而不是"改变世界"。这种差异决定了马尔罗与马克思主义的关系。

*

所以，首先是一片沉默，什么也没有。沉默并不回答。但是问题却是存在的。恰恰相反，没有答案并不意味着否认问题的存在。世界、自我、我们被遗弃，如果不互相询问，就不会被彼此听见。沉默源于问题。谜底就在这里：存在与意义的问题能够从荒谬的虚无中产生。生命永远不会死气沉沉地发出被遗弃的呼喊。马尔罗在谈到戈雅（Goya）时写道："对他而言，绘画并非最高的价值：它呼告着被上帝遗弃的人类的痛苦。"（《想象的博物馆》）问题、要求、痛苦：一言以蔽之，就是警觉。用尼采的话来说，所有的价值都存在于对沉寂的挑战之中，存在于马尔罗所说的创造之中，而创造就是书写，就是呼喊的铭文。

作为对虚无主义的回答，绘画、雕塑、建筑和文学的作品一文不值，而作为向虚无提出的问题，它们却价值连城。一文不值是因为它们正作为现存的对象，价值连城则是因为它们沉浸在对纪念、对超越一切材料并拒绝一切解释之警觉的挑战中。解释，就像系统和概念、哲学和智力劳动那样，自称为虚无的答案。但实际上它只是一种误导，使呼喊声变得模糊，并抑制了呼喊的声音。它让人们忘记了被遗弃的状态，然而实际上只是在防止人们忘记世界和生命是绝对要被遗忘的。通过对丑剧的书写并从而使对象、人类和生命**不再存在**，思想（*mens*）所能具有的全部意义（*meaning*），就在于揭示非存在和无意义。

*

　　在所有五部小说中，这一主题都是显而易见的。在柬埔寨、广州、上海、西班牙、柏林与布拉格之间，主人公们无所事事，只能在虚无的边缘摧毁自己的意志。关于什么的意志？蜕变，这也就是签名。冒险家、政客、无政府主义或共产主义战士书写着沉寂、丛林、群众、亚洲的夜晚和欧洲法西斯的黄昏，而且也总是书写着内在的混乱。他们徒劳地签下名字。即使是在《希望》（*L'Espoir*）中，主人公的书写也被囚禁在了令人绝望的历史之中。

　　《欧洲青年》（*La Jeunesse européenne*）和《西方的诱惑》（*La Tentation de l'Occident*）两篇文章都强调了书写的这种囚禁状态。《阿尔滕堡的核桃树》（*Les Noyers de l'Altenburg*）则宣称只有书籍才能在监禁中"坚持"下来，特别是这三本书："一本由曾经的奴隶塞万提斯所写，一本由曾经的苦役犯陀思妥耶夫斯基所写，另一本则由曾被判处示众的丹尼尔·笛福所写"[《刻度镜》（*Le Miroir des limbes*）]。这是囚犯理想中的图书馆。同样，一座想象的博物馆也将是囚犯的影集：悲惨的目光中蕴藏着远见卓识，它以可能之名蔑视着可见之物。"从过去向我们浮现的广阔艺术天地，既不是永恒的，也不是超越历史的；它与历史相连，同时又摆脱历史，就像米开朗基罗摆脱了博那罗蒂（Buonarotti）^①。它的过去不是逝去的时间，而是**可能的**时间"，我们在《沉默的声音》的结尾这样读到。

人们总说作品被囚禁在博物馆里。但恰恰相反，它们作为崇拜或文化的对象，被拘禁在现实中，而博物馆使它们远离其发生的偶然性，从而能够写下并传递它们所书写和所呼喊的。又聋又盲的世界使作品像任何对象一样陷入沉寂，纪念则暂时中断了这一进程。

如果说博物馆的选择是由遗迹那令人窒息的叫喊所指引的，那么博物馆并不是任意地将时间的遗迹转化为痕迹。馆长和策展人侧耳倾听沉默的声音，就像精神分析师倾听无意识的声音那样。

有人会说，这种职责只适用于艺术博物馆，而当收藏的目的是尽可能忠实地再现一个民族的面貌或一个时代的图景时，这种职责就无从谈起了。在这种情况下，几乎要收集并整理全部记录资料，从而使研究对象清晰明了。这是有可能的，但并不能肯定的是，完整而合理地展示资料，就比更具暗示性的选择和安排（这也就是说，一种对参观的空间—时间之书写）更能体现对象的内涵。

然而，我们承认，历史、民族或科技博物馆与艺术博物馆的义务的确不同。后者以想象为典范（正如马尔罗所说），而前者则必须符合所谓的现实。不过，现实主义的历史，即按照时间顺序排列的关于对象之变化的认识，在某种意义上是对事件进行书写的最大敌人，因为，这种历史原则上必须在当时的背景下，即

---

① 博那罗蒂，即文艺复兴三杰之一米开朗基罗的姓氏。——译注

在事件中，找到其主题。它总是迷一般地遇到马尔罗最后所谓的呼喊的"自主"（即吉泽克的自我书写）：历史主义者坦白道，它是天才之所为。可以说，警觉不属于任何事件或组织的"洪流"，即使警觉只出现在转瞬即逝的局势之流中，它们也只是浸入其之中并接连而至。

*

因此，想象的博物馆是书写之书写或者艺术之艺术。它纪念了那些不会随着背景而消失的作品中的警觉。这种内在的警觉也已经成为一种纪念。博物馆将其加强、分离、保留并悬挂起来。又将其与马尔罗所说的"贪欲"，以及与一切使作品成为野蛮的移情对象的东西——即对权力、享乐、欲望、解释和象征的祈祷和献祭——隔离开来。在作品之中，博物馆隐秘地分割了材料与那能够印证可能性的姿态。它将这一姿态与其他的相比较，并不是为了考虑现实的连续性（影响、连贯、重新出现），而是为了表现姿态的无限多样性和呼喊的无数细微差异。片段、蒙太奇、胶水和剪刀：年轻的马尔罗就已学会了通过比较的"手法"来工作。而这种不连续的比较就是**他自己**的手法，这已经在他的小说中体现出来了。这也表现在想象的博物馆中，同时也在他最后一篇文章《脆弱的人与文学》（*L'Homme précaire et la Littérature*）中强烈到近乎疯狂。

*

想象的博物馆只能是"现代的"。事实上，它所处的文明必须已经失去了所有信仰，只有这样，文明才能接纳所有信仰的对象，而不认为它们是愚蠢的、粗野的或不可接近的——就像生下来、长出来然后死去的植物那样［正如斯宾格勒（Spengler）所认为的］。书写必须放弃除自我书写之外的所有合法性，然后才能超越那些在别处和在过去的作品所表达的合法性，通过这些作品，书写认识到了自我书写的本体论事实：用马尔罗的术语来讲，即创造。"现代艺术有一个基本的价值……：创造一个自主的世界，这一长久的意愿**第一次还原为自身**。"（《沉默的声音》）

虚无主义所要求的坚决的失望，通过剥夺意志的移情对象，迫使意志"还原为"自身。"现代艺术不再把创造的力量归属于一种最高价值，它将在整个艺术史上揭示自己的存在"（同上）。在艺术或书写的时代，与虚无画家马奈（Manet）同一辈的并非"学院派"绘画，而是破坏纵深的乔托（Giotto），或是切断轮廓的拉斯科（Lascaux）洞穴艺术家。

马尔罗在他出版的第一篇文章《立体主义诗歌的起源》（*Des origines de la poésie cubiste*, 1920）中，向马克斯·雅各布（Max Jacob）表达了特别的敬意。雅各布认为，使作品区别于任何要求的对象的，正是作品的"情景"和"风格"。"风格或意志进行创造，这也就是说进行分离，而情景则使其远离。"作品自成一体，是自己的女儿也是自己的母亲。它拒绝对自身行使一切威权，包括所谓作者的权力和公众的期望。它反抗我或我们的表达，反抗现实的再现。它"不再为了取悦而存在。它就像一幅立体主义画作"，马克斯·雅各布在一封信中这样写道。

分离、风格、创造和意志，这些术语在《沉默的声音》和《众神的蜕变》中反复出现。它们与立体主义诗歌和雕塑相联系或相比较，不再涉及唯美主义、悲剧性的人文主义和反叛的英雄主义。它们在虚无主义的背景之下谈论着自我书写。

想象的博物馆是立体主义的，这并不是因为立体主义在20世纪初的艺术和文学史上是先锋派的一股显著潮流，说博物馆是立体主义，是因为毕加索和布拉克（Braque）的立体主义表明，可能的视觉将超出任何特定的视角，而这种超越，正是视觉艺术的本质，也正是想象的博物馆所要反过来在作品之中揭示的东西：艺术（这里也指书写）是对可能的呼唤，它"完全不同于"感性，但又在感性之中并通过感性而存在。

*

我曾经试过对博物馆稍加整理，扫除马尔罗用语中的模棱两可和含糊不清，也扫除他史诗般的或说教式的雄辩。但是如此扫掉的永远都没有什么。在马尔罗的作品中，将虚无主义推出它那隐秘的缓解愿望所允许的范围，是很困难的。这就好像对形而上学或宗教的批判并未成功。也好像尼采的意志理论或克洛岱尔（Claudel）的信仰（正如马尔罗所欣赏的）。我不会说这种重新出现的形而上学是黑格尔那思辨的辩证法。有几篇文章明确地对此表示反对。

但我并不认为，我是唯一一个在关于艺术的书写中，感受到其所要求的晦涩的救赎图景的人。莫里斯·布朗肖在《论友爱》（*L'Amitié*）一书中也提到了这种猜想。仿佛，只要进入博物馆或图书馆，无论是视觉的还是文学的书写，都能凭借组织机构的保证而摆脱虚无。当然，一旦进入博物馆，作为作品的书写痕迹就必须根据新的比较要求进行多次蜕变。这就是历史及其偶然性得以渗入纪念之圣地的方式。它们引入新的痕迹，掠过新的目光。超自然变得不真实，而不真实又变为永恒。但它绝不会变成虚无。就像法兰西学院那样，签名因为机构的建立而不朽。它忘记了遗忘始终是一种威胁。它掩盖了自身存在的缺失。它将自己偶像化。在马尔罗的作品里，有一种对签署之姓名的偶像崇拜。《刻度镜》几乎完全围绕着历史上的"伟大"签名者展开。若将马尔罗与卡夫卡、加缪、布朗肖等其他虚无主义作家相比，我们就会发现，名字的偶像化，造成了自我书写主题的障碍。更不用说贝克特（Beckett）给作品打上签名的工作了。

还有一种更普遍的意见，更进一步怀疑了马尔罗那里博物馆的地位。"想象"一词的含义之一，即指向一个应当对爱与生存之需求做出回应的对象。如果说马尔罗的博物馆最终只是一个美好的移情对象呢？

*

在**西方和平**的背景之下，我们有理由认为，博物馆不会再遭到破坏或者毁灭。然而威胁并不在于此。在《众神的蜕变》导言的末尾，马尔罗计数着参观博物馆、临时展览、历史名城和奇珍异宝的数百万人群，并得出结论："来自各个国家的、几乎没有意识到自身团体的人们，似乎都期待着各个时代的艺术去填补他们那未知的空虚"[《众神的蜕变》，《超自然》(Le Surnaturel)]。但在二十五年前，他却指出"相信现代人期望从艺术形式中获得深刻的情感，这是欠妥的。相反，人们往往是肤浅而幼稚的……"(《沉默的声音》)。

这两种观点并非互不相容。它们可以合并为这样一种猜想：博物馆的高参观率是由"肤浅而幼稚"的需求所驱使的，这种需求，就是以艺术——从此被称为"文化"——代替缺席的神，并使信仰的渴望在此出现。因此，思想那镌刻在作品中的隐秘甚至近乎无声的警觉，仍然无人理睬。

作品的异质性被忽视，并成为文化工业所生产的满足想象的对象。纪念碑被确立，然而——也是因为——什么都没有被确立。书写就像那警觉的呼喊一样被遗忘了。

如果是这样的话，博物馆就会成为艺术的致命威胁。艺术家将受到诱惑，想方设法进入博物馆，并以小小的代价让自己的签名永垂不朽。他所要做的，就是取悦馆长或策展人，或者迎合人们的需要。面向一片沉寂而竖立的纪念碑，将成为一座遗忘之地。

地 穴

12．不知不觉

　　假如我们曾拥有时间，而事实上，我们并没有时间［到了一定年龄，我们就会知道这一点；而在此之前，我们总是以为自己拥有它；变老就意味着知晓不曾有过它；欧洲就这样老去了，尽管它也经历着革新（*liftings*）］，我们会抓住"遗忘的政治"或"1968 年五月——二十年之后"这种主题所提供的机会来总结要点（faire le point）。这必然是虚幻的。点是在空间中形成的，在广阔的海洋或沙漠中，我们用坐标进行衡量。但时间中却并没有点。我们甚至不能说自己正处于广阔的时间里。时间阻碍了"坐标定位"的尝试，也浇灭了"找寻自我"的希望。

　　如果我们动了"总结要点"的念头，那么就已经错了。我们已经忘了时间是什么。或者说，通过空间之隐喻的迂回，时间正在被遗忘。物理学家懂得这一点，但是人们还并不明白。

　　这将不是一个要点，**相反**，这会是一个普遍的命题，它被我们能够提出的全部可能要点所肯定：所有政治都是有关遗忘的，而不忘（这并不是记忆）则逃脱了政治。

我并非在说政治本身，也不是在说一种去遗忘的意图。这根本和意图毫无关系。我是在说一种"短暂的记忆"。公民共同体或公民的身份中（无论这到底是什么）包含了这一临时的规定，即要求某些事情被遗忘。可以说，被忘记的显然是，这个共同体在面对政治单位的处置时仍然表现为**无可处理**（*intraitable*）；或者还可以说，这种处置必须时刻更新，表面上是"时不时地"，实际上则是无时无刻地、连续不断地。无法一劳永逸地得到处理的，以及政治的处置所遗忘的，即是人们因从属于某一城市而构成的"共同"，他们也正是互相无法分享、无法交流、无法共有、毫无共同之处的人们。关于这一主题，可参看让-吕克·南希的《无用的共同体》①。

我在此谈到的不是一种好斗性，不是一种死亡冲动，也不是一种全人类之间，或是构成和组建的宗派、政党和运动之间的殊死搏斗。甚至也不是个体对于联合的反抗。政治以弥合这一类型的分裂为己任并为之忙碌。它从未停止呼吁联合和团结，即使在不那么糟糕的情况下，它也把达成一致视作再次谈判、更好分配正义，以及继续进行协商的目标。这看似寻常的政治并不容易。这是马基雅维利的艺术。我们知道，在路易十六被处死时，分派（partage）的权力被禁止"真实出现"，自那以来，所谓的"民主"辩论就不仅是关于要被分派的物品（经济的、道德的或知识的），或是关于在商议和分配时要坚持和考虑的权利，而是也包含管理辩论的权力，有时甚至还涉及宪法层面的原则。

① 让-吕克·南希（J.-L. Nancy）：《无用的共同体》（*La Communauté désœuvrée*），巴黎：Christian Bourgois 出版社，1986 年。

12. 不知不觉

*

这就是旧欧洲在极权主义时期经历的"危机"所暴露的可怕之处。除此之外，阿伦特和诺伊曼^①还指出了一个显明的事实，即通过恐怖手段已经并继续不断消除政治生活以外的辩论，极权机器在其国家—政治实体的解剖学和生理学两个方面，再次罹患了它那声称已经被治愈的疾病。内部的失调、决策机构的增生、群体之内的战争，都泄露了可耻的疾病在表面健康的事物上的复发情况，无可处理的东西得以"出现"，即使它是被单一极权政治的狂热和傲慢掩盖的。

所谓泄露：通过颠倒意义，并且仅仅通过颠倒这一行为，而被重新彰显。严厉而又闪光的刻板僵化，就像是一个界限不清的东西的反面，它"栖息于"社会中，却让人感觉不到它的存在。在这种净化操作的可怕后果下，万物一体的幻想得以维持，因为我们相信，异质的东西有着一张、或者是一张（美杜莎的？）脸，我们只需转过身去就足够摆脱它。我们向它赋予了一个面孔、一个名字、一种表象（例如"犹太人"^②），其中包含了一切被认为有悖于社会实体之洁净和有害于其健康的东西。但是恰恰是这样

---

① 汉娜·阿伦特（H. Arendt）：《极权的制度》，载《极权制的起源》（*Origines du totalitarisme*），布尔热–达夫鲁–莱维（Bourget-Davreu-Lévy）译，巴黎：Seuil 出版社，"政治要点"（Points Politique）丛书，1972 年；弗朗茨·诺伊曼（F. Neumann）：《巨兽·国家社会主义的结构与实践》（*Béhémoth. Structure et pratique du national-socialisme*），多韦–博瓦霍（Dauvé-Boireau）译，巴黎：Payot 出版社，"政治批判"（Critique de la politique）丛书，1987 年。

② 关于使用引号的解释，可参看《海德格尔与"犹太人"》（*Heidegger et les «juifs»*），巴黎：Galilée 出版社，"争鸣"（Débats）丛书，1988 年，第 13 页。

一个东西，它不比正面更加相反，它没有地点，没有发生，而只在表象之外"出现"：死亡、出生，绝对且独特的依赖性禁止任何机构完完全全地安排自己。我还要加上——"性别差异"，在最激进的意义上，是一种不属于表象之时空的异质性。这正是为什么它在"城市的灵魂"中几乎没有被感觉到。

说感觉，是指它既不能被听到也不能被看到。正如弗洛伊德所说，它既不能用词句，也不能用"东西"（图像）表现出来。弗洛伊德用"无意识情感"这一奇特的表达来描述其"出现"方式。这与想象毫无关系，也因而与意识形态有关社会的设想无关。

至于是否允许从社会角度进行设想，在此我遵循了尼科尔·洛罗（Nicole Loraux）[①] 的观点，我想把问题留给她。在我看来，这里并没有什么疑问，但我理解历史学家会反对城市有灵魂这一假设。因此，有必要解除他们的防御。至少城市之中**灵魂**的作用是无可置疑的。我们这里所说的"灵魂"，是指那些仍然在精神上受制于那个东西（la chose）的事物。它容易陷入痛苦，毫无防卫能力。毕竟，历史学家也在试图建造一座城市，从而努力或者任凭去忘记这种情感。

对于无可处理的东西来说，其本质就在于必须摆脱它。它只以难以忍受、令人厌恶的样子向我们靠近。它吸引人的方式就是将人推开。至少，当精神服从逻各斯的古老使命时，即当它构思、捕捉、决定、陈述、和阐明作为对象的一切东西（包括不合时宜的那个东西本身）时，就是这么告诉我们的。而至于精神

---

① 尼科尔·洛罗（N. Loraux）：《城市的灵魂》（« L'âme de la cité »），载《时代作品》（L'Écrit du temps），第 14/15 期，1987 年，第 35—54 页。

的偷渡者，我们可以，而且必须假定，它并不参与吸引和排斥之间那动态的经济游戏。它并不期待被智慧照管或"偿还"。正是它"占据"了精神并使之慌乱不堪。这种占领导致一种妄想症。公民并不文明，有什么东西想要伤害文明，这种"文明的疾病"，这一敏锐而模糊的感觉，很容易让人怀疑某种阴谋正在酝酿之中。同样容易的还有进行审判、告发替罪羊、排除异己（*xénos*）、指控对立党派、诽谤、争论。以及革命的思想。战争（*Polémos*）不是万物之父，而是精神和与之无关的东西间产生关系而诞下的孩童。战争，也是使精神忘掉它的一种方式，从此精神便忘记了那将要孕育且正不断孕育战争的不可能的交媾（le *coïtus impossibilis*）。

如果这东西不能在政治上被处置，那是因为它已经脱离了锁链。尽管我们试图把它拴住（这就完全是政治事务），它仍然会挣脱链条并寻求更多解脱。革命，所有的革命，既试图接近这东西，使社会在不知不觉的情况下更加忠实于居于其中的它们，同时又试图规定、压制或消除这东西带来的影响。革命的行为中同时存在着忠实与不忠。它听到有什么"出了问题"，并为共同体所遭受的严重错误（无论我们赋予这种错误以何种名称）进行倾听与发声。马克思识破了，或者说他相信他识破了剥削劳动力的动机所在。这即是在资本主义的共同组织对纯粹的创造力所造成的殉难中。纯粹，是因为马克思给予这一力量一种任何化学、物理或人类交换机制都不具备的特性，即花费或消耗的能量（价值），**少于**它投入行动（生产行动，准确地说，即劳动）时所产生的能量（价值）。因此，问题就在于如何使这一力量挣脱那些束缚它的契约诡计和交易表演。把它从那被说出、被想象、被表现、被背叛的种种虚假（*pseudon*）（如契约、劳动、社会平均必要劳动时间）中解放出来。马克思认为，革命显然忠实于这种非链接（non-enchaîné）。

在我看来，1968年五月风暴的标志就是类似的忠诚。这种挣脱立即延伸到了文化领域。忠诚于那个本该代表并面向公民，但却不仅在工厂和办公室，而且也在学校、在所有在当时被宣告又在今天随处可见的"文化"机构中遭受苛待的东西，当然，这也发生在政治生活之中。在法国的道路上，那东西被认为是直接展现自身的。这当然需要以千百种相互矛盾的意识形态作为代价，但是，这种支离破碎的表象必须要求一种为其担保的忠诚。总的来说，政治权力的问题并不经常出现。当这个问题在5月底和6月被左派（不管是不是极端左派）在讲台上、工作中提出时，当各党派再次发出声音时，那个东西就沉默不语了，好像它从来没有说过话，甚至没有叹过一口气。挣脱的影响将持续存在，但好像只是一些痕迹。就像所有的记忆一样，这些影响有时会以忠实的名义，让我们忘记每个人经历过的威胁，无论这些人是参与运动或是反对运动（毫无疑问，两者总是联系在一起）。我们将努力成为现实主义者、实践主义者，不管是愚蠢的还是智慧的——我指的是，至少明白政治不可能不背叛那个东西的马基雅维利式智慧。无论如何，现实主义要求遗忘。

因此，革命的成功必然也是革命的失败，而革命的不忠正是由忠诚的"功勋"而造成的。政治的"总结"既是灾难性的，也是启发性的，它在世纪末的精神下被不知不觉地制定，一个问题仍然出现：除了革命的政治以外，是否还有其他政治，能够不忠于那个无意识地居住于城市中的东西？

　　但是，当一种政治致力于表象的场景时，它就必须以失去城市为代价，而将假设无法呈现的东西清除出去，那么，政治如何能够做到这一点呢？我知道，这里所说的遗忘本身没有任何政治意义。这只是一种忧郁的感觉。我们无法通过放弃革命来悼念这种忠诚，即使我们已经知道忠诚的不可能。政治永远不过是关于可能的艺术。

*

　　在这种状况下，诉诸人权也只能起到微弱的缓和作用。这些权利仅仅界定了公共权力不可逾越的界限。同时，它们也只是禁止公共权力解开城市的链条，正如禁止任何其他权力机构那样。这些权利必须作为一种清晰的记忆和洞察力而被遵守，如果共和国不想损害自己，就应该保留这种记忆。因此，这些权利是防御性的，也是针对非链接的防御机制，每个公民都有责任在公共情景中，面对包括自己在内的所有人，内化并实施这一机制。这样一来，这些权利构成了遗忘的一部分：我们忘记了，在每个人的精神以及共和共同体的集体精神中，都存在着某种超越了正义与非正义的、超越了每个人以及所有人的精神的无权断言的东西。在共和原则中，人及其自主性在权利的掩盖之下，搅乱了自古以来那独立性的痕迹。

　　"抵抗"有两种含义。权利抵抗那个东西，而那东西又抵抗权利。清晰的记忆抵抗着那威胁它、扭曲它、使它疲惫不堪（就像物质云团使远处运动而来的光子受阻）的远古事物。这就是我们当下与启蒙思想的关系如何为浓厚的黑夜所改变了。这也就是威塞尔（Wiesel）的黑夜。[①] 我们无法通过在人权清单中加入记忆来摆脱这一疑难。如果我们把对那东西的尊重置于正义的教条之中，那么这将被视作一项义务而并非权利。这个东西本来就是债务。但是再说一次，这个东西并不是教条，它既不期待也不要求精神做什么，它超越了任何制度规定，甚至超越了任何制度的许可。精神在不知不觉中向它负了债，但这并不是说它通过信贷请求和契约将自己确立为债权人。精神在能够作为主体行动"之前"就会被放弃。精神只好努力重新控制住这东西，也就是说，忘记这东西。这个东西将永远是精神的童年时代，是存在"之前"就已存在的谜。

*

褪去杂乱的意图、意愿、策略和调停的幻想，1968 年五月风暴的光辉从整体上是可以理解的，这光辉来自它的童年时代所表现出的一切。我并不是说这场运动是由一种幼稚的集体倒退所推动的，甚至也不是说它所吸引的主要群体显然是年轻人。我的意思是说，这场运动严格地忠实于一种依赖状态，这甚至比精神状态更加深入精神内部。我再说一遍，这种状态一方面让人难以忍受，人们对此提出抗议，但却无法说出"原因"(事实上是难以名状)，但另一方面却令人赞扬，人们要求向着这种状态致以敬意，就好像是为了让（成年的）公民共同体认识到，尽管它有自主和进步的理想，或者说正是因为有了这些理想，它就不可能不留下

---

① 埃利·威塞尔（E. Wiesel）:《夜》(*La Nuit*)，巴黎：Minuit 出版社，1958 年。

且总是留下一个不受其控制的残余势力，而它自己已在不知不觉中成了这一残余的人质。

从极左到极右的所有政党都异口同声、不约而同地要求恢复秩序，而这无非在迫切要求人们忘记那个童年般的东西。马克思主义在掩盖那些被显露或至少是能够被发觉的事情上，发挥了决定性作用，从其最激进的形式（委员会主义）到不那么激进的形式（毛主义）都是如此。它们以各自的方式，将那东西纳入政治视角（极其矛盾的是，其中也包括集体实践主义）的范畴，并使之重新变得可被处理。

也许，至少在西方，在这政治和形而上学的西方，每一次显露，都是一次使精神更接近那该忘又忘不掉的、令其不知所措的东西的事件。1968 年的事件，后来被称作"一连串事件"，因其引发的痛苦而引人注目。在精神之中，童年不是幸福和纯真，而是一种依赖状态。童年本身试图摆脱这种状态，并尽力"长大"。它不是为了自我吹嘘而表现出不负责任，而是通过控诉表现出来。五月风暴发出了一句无法治愈的痛苦控告，那就是生而不得自由。这种控诉得到了巨大的回响。大人们就像悲壮的合唱团那样，哀告着儿童英雄们的诉状。

然而，五月风暴并不是一场悲剧，它没有结局，也没有罪行，如果曾有鲜血洒出，那也不是因为狂热的孩子们。他们并没有履行神谕所赋予的命运，即要求他们对生活报以热情。悲剧性的表演本身也像政治一样，仍然显得对那东西过于不忠了。五月风暴之所以不是一场革命，是因为参与其中的演员足够年轻或年长，他们对城市现状有充分的认识，无需审视便知道当今的政治不可能是悲剧。他们确定，悲剧政治的恐惧（terreur）只是一种效果,恐怖(horreur)(它的真名)**重复**着自精神被放弃以来的那远古的恐惧。他们竭尽全力避免这种重复。他们不愿意在行动中重复来自那东西的恐惧,而是要以诗人的姿态向其发出指控。

 既然不是革命性的,五月风暴也就不会注定不忠了。一切政治都有关于遗忘,**论证**已经做出,而这在人们那遗忘着的精神中仍是严肃却不坚定的。"一连串事件"就像他们见证的那东西一样,怪怖的(*unheimliche*),变得陌生而熟悉。它们那无数的效果(学校、性别、女性、家庭、劳动,等等),不再被标记为1968年的效果,而是作为寻常的政治和公民生活中的全新举措。西方重新开始处置那些无可处理的问题了。

13. 恐惧是内在的

　　当代世界，呈现出一幅自由帝国资本主义战胜其挑战者法西斯主义之后的图景。制度（le système）并不在意那在它身后的批判。而这就是所谓的制度。它不允许和平，而是通过竞争手段保证安全。它不允许进步，而是以同样手段保证发展。它没有其余选择。多元文化主义适合它，但前提却是要就分歧的规则达成一致。而这就是所谓的共识。制度的本质构成不会发生根本性的动荡，而只会发生修正。激进主义是罕见的，追根溯源也很少见。在政治中，交替（l'alternance）是规则，代替（l'alternative）则被拒绝考虑。总体而言，这一制度是在与多个伙伴的游戏规则下运行的。这些规则确定了各个领域所承认的要素及所允许的举措。游戏的目标始终是获胜。在规则的框架之内，采取何种策略完全是自由的。只是禁止杀死对手。

　　这一制度通过整合各个领域的制胜策略不断进行自我修正：我们可以说它是自我构建（s'auto-construit）的。它日益增长的复杂性，使它能够控制和利用那些从前消散了的"自然"或"人类"能量。疼痛外科医生勒内·勒里什（René Leriche）说过，健康就是器官的沉默。制度就是要让所有噪音噤声；至少，它要对此保持警惕。

在现代人的政治和战争中，两种合法化原则发生了冲突：上帝和共和国、种族和全人类、无产者和公民。无论是在国家中还是在国际上，合法化的冲突总是以内战和全面战争的形式出现。后现代政治是管理的策略，战争则是治安的举措。后者的目的不是为了使对手失去合法性，而是迫使他按照规则进行谈判，从而融入这一制度。如果他实在可怜，没有什么可以投入，那么他至少还可以负债来赌。至于制度的合法性，则在于其自我构建的能力。而事实上，这一权利造成了一些困难，例如在司法管理或在学校教育的目的这些方面。总之，从发展的需要来看，国界只是一个抽象概念。

面对这些平常的事实，"地理思维（géonoétique）"似乎已经过时。它属于一个相信思想和意向活动（noesis）能够被土地及其名称所圈定的时代。德国哲学、美国梦、法国思想、以及罗莎·卢森堡（Rosa Luxemburg）①所说的"英国眼镜"。或者正相反，一个特定民族的"精神"在某一时期成为奠基性思想的保存与见证：雅典、费城或巴黎的自由；罗马或伦敦的帝国和平；柏林或东京的种族拯救。这些形象中的每一个，无论是种族帝国、共和帝国，或是二者的混合，都肩负着战斗的使命。

---

① 罗莎·卢森堡（Rosa Luxemburg, 1871—1919），马克思主义政治家、思想家和革命家，代表作《社会改良还是社会革命?》《资本积累论》《狱中书简》等。——译注

今天，我们可以说，通过这些以专有名称命名的理想之间的冲突，我们寻求着最适合于发展的制度。衡量的标准是，各个国家在其引以为豪的人口和地理区域是否具有动员及组织可用力量的能力。1920 年德意志帝国战败后不久，恩斯特·荣格尔（Ernst Jünger）① 就用这些愤世嫉俗的热力学术语评价了同盟国的成功：与从属于纪尧姆二世的等级机构相比，一个自认为自由的公民共同体更加适合被"全面动员"。第二次世界大战和冷战的结果已经证实了这一判断。资本主义民主的优越性已然不再有争议。事实上，在制度这一完全中立的名称下，资本主义民主从数千年来各种对共同组织的尝试中取得了胜利。人类历史不过就是通过竞争——准确地说是通过偶然产生的各种形式之间的竞争——做出对于最佳制度的自然选择。正是通过这一既定现实，当今世界才获得了其威望与权力，我们（包括法国人……）也对此表示同意：共识即来自这一显明事实。

需要说得更具体些吗？对人权的尊重、人道主义援助的义务、干涉的权利（例如在索马里）、移民和难民的地位、少数文化的保护、工作和住房的权利、对病人和老人的帮助、在生物和医学实验中尊重个人、受教育权、在司法调查和监狱制度中尊重个人、妇女的自主权利、向因殖民帝国和苏维埃帝国的破灭而陷入贫困的人民提供资金与技术支持的义务：这些只是一部分有待解决、亟须辩论，有时甚至是紧急的问题。但这始终需要在游戏规则和制度共识的范围内进行。

这种一致性应当被称作人文主义吗？当然是的，如果我们

---

① 恩斯特·荣格尔（Ernst Jünger, 1895—1998），德国思想家、作家、军官，曾参与两次世界大战，代表作《钢铁风暴》等。——译注

的意思是说，制度必须考虑到那些构成它的人类，但同时又不忽视，作为回报，制度要求着人类服从其发展的需要。为了说得清楚可以举个例子，人们要承认在目前的商品及服务的生产条件下，并非所有人都能拥有工作。如果真的有人文主义，我们就绝不应将之视为启蒙运动的人文主义，除非是出于欺骗。启蒙运动为自己设定的理想目标是建立一个由平等、明智的公民组成的共同体，他们能够在完全自由的情况下商议决策共同事务。今天的人文主义则是一种实用主义，或者与其说是契约主义，不如说是功利主义，即根据假定的个人和制度需求来计算效用。所谓假定，是因为制度中的游戏总是只有"部分信息"，正如人们在冯·诺伊曼（von Neumann）和拉波波特（Rappoport）① 的时代所说的那样：想要更好地确定对手或合作伙伴（现在也是一回事了），无论我们对调查、统计和监视活动抱有怎样的期望，偶然性所留下的余地仍然是无可战胜的。（如果没记错的话，约翰·罗尔斯在他的正义理论中所描绘的"无知之幕"，不就是这种古老的"不完整信息"吗?）但是，制度却偏爱这种不确定性，因为它并不是封闭的。

我提起这些陈词滥调，并不是为了说明我们生活的世界已不再为思想和介入提供材料。恰恰相反，正如我们所看到的，许多事情必须在制度留给反思的不确定余地中被说、被做、被提出。我们当中有谁会不与某个地方的、国家的或国际的组织合作，从而为解决我提到的或没提到的、这样或那样的困难（它们有时还

---

① 约翰·冯·诺伊曼（John von Neumann, 1903—1957），美籍数学家、理论计算机科学和博弈论的奠基者；阿纳托尔·拉波波特（Anatol Rapoport, 1911—2007），美籍数学家和心理学家，博弈论专家。——译注

是戏剧性的）作出贡献？又有谁不以自己的名字发表他选择这样或那样的解决方案的理由，并帮助将其实施？我们加入辩论，参加战斗，就像我们的前辈伏尔泰、杜威、左拉、罗素两个世纪以来所做的那样。

　　但是他们的名义各不相同，付出的代价也完全不同。他们的战斗所基于的理想——人民、自由、个人及全人类——并不为当时的制度所接受，或者即使这在原则上被承认，在实践中却仍遭到践踏。在这两种情况下，他们都面临着审查、起诉、监禁、流放和最终的死亡，这并非身体的死亡，而是言论的死亡。因为他们所说的话就是叛乱。至于我们，我们在说话或行动之前就已经知道，无论我们将采取何种介入方式，它都将被制度视作促进其完善的可能贡献。这并不是说，制度是极权主义的——正如人们长期以来所认为的那样，萨特也是这么认为，福柯或许也是如此，他们都很气恼（因为他们并没有被起诉追究）——而是相反，制度的不确定余地是相当开放的。我们只能庆幸自己拥有这样的自由度，但是，我们也必须去衡量，我们命运般的思想和写作，应当为环绕它们的关切付出什么样的代价。

*

　　法国历史学派的大师之一皮埃尔·诺拉（Pierre Nora）在1980年创办了《争鸣》（Le Débat）杂志，他发表于创刊号上的一篇纲领性文章即明确标明了这一代价。他宣称，是时候结束法国评论界和哲学界的混乱与恐怖了，这已经到了禁止一切辩论的地步。巴黎的作家和思想家们以先锋艺术和文学的继承者自居，他们抨击马拉美或阿尔托那难以理解的诗学，却沉醉于海德格尔或拉康的抒情散文，他们结成团体，发动文字战争，完全不顾彼此是否相互理解，也不管公众是否理解他们。每个小团体都精神分裂似的一边追寻自己的才华，一边让人无法读懂。这些不负责任的人将文化的结构撕得粉碎，就像曾经的氏族战争撕裂高卢那样。是时候让一些"罗马军团"为这种反常的无政府状态发出命令，并通过辩论恢复思想的秩序了。

请皮埃尔·诺拉原谅我，我离我的村庄太远，无法直接引用他的文字。但我想在此谈谈我读到它时的惊讶感受。我们有一个敌人，他正公然将罗马和平（*pax romana*）强加于我们的内部斗争。他迈着"罗马军团的沉重步伐"前进，我还记得这个气势汹汹的比喻。新的秩序不再需要等待。思想领域的"新哲学家"、视觉艺术中的新主观性和超前卫主义、过程与方法的诗学、文本的遗传学、有关社会领域中种种力量影响下的文化现象的社会学，尤其将革命事件视为一个症候的精神史，所有这一切自称为人类科学和积极理性的东西都站了出来，迈出了所谓的"沉重步伐"，并将对话和论证强加给我们这些咄咄逼人却又不清不楚的誊写员，这种严肃认真的精神比我们更具优势，因为它无需费力便可吸引舆论和媒体的青睐，而在思想之中，舆论和媒体首先要求的就是"能够获得好处"。正如毕卡比亚（Picabia）所说，罗马派的著作很快就摆上了每个牙医的桌子。

令我惊讶的是：蒙田的《随笔集》能成为辩论的主题吗？人们能通过阅读它获得好处吗？还有奥古斯丁的《忏悔录》？《地狱一季》（*Saison en Enfer*）？或是黑格尔、胡塞尔以及梅洛-庞蒂的现象学？再或克洛德·西蒙（Claude Simon）的《农事诗》

（*Les Géorgiques*）？《浮士德博士》（*Doktor Faustus*）？《城堡》（*Le Château*）？而在《亚威农少女》（*Les Demoiselles d'Avignon*）、德劳内（Delaunay）的《埃菲尔铁塔》、凯奇（Cage）的《音乐梭罗》（*Mureau*）、布列兹（Boulez）的《回应》（*Répons*）、贝多芬的第十三弦乐四重奏中，又有什么值得争论、值得获得的？无论这些思想作品的材料是语言、音色还是色彩，其中难道就没有孤独、退缩、对一切可能对话的超越、和对恐惧的沉默？这不是出于任性、潮流或者挑战，而是因为从本质上〔正如阿波利奈尔（Apollinaire）所说〕作品要求艺术家变得非人（inhumain）。我们继续前进，以无法控制的方式"象征"一些我们不理解的东西，因为它们必须摆脱传统的控制，这能不令人恐惧吗？

尽管这些作品将要进入或者已经进入世界博物馆，又在世界图书馆中被归档，并因此被列入文化基础、记忆和修辞中，从而满足了制度自我区分的需要，但这丝毫不能改变这样一个事实，即这些作品从来都不是由制度"生产"（多么好的词！）出来的，它们只是被置入语境之中，既不支持制度，也不反对制度，它们诞生于别处，远离任何可交流的透明性和确定的文化对象，它们或多或少可被共同体接近，但通过我们称之为美的、抵御时间的惊人力量，它们却不可被还原为习俗或精神。当我们接收它们时，我们必须尊重它们的抵御性和不透明性，即使我们试图对其进行评论。评论并不意味着争论或"获得好处"。这更像是在追寻这些遗迹并愿意迷失其中：再次陷入恐惧。

我把这些作品作为例子，并不是想把我们那可怜的尝试与它们的伟大相提并论，而是想提醒大家，在所谓的创造面前，严肃的精神并不严肃，理性的诉求也并不合理。真正的智者不会不知道科学发明也是如此：它们的诞生不比艺术和文学更不值得赞扬；它们所处时代的知识水平并不能解释它们的出现，甚至还往往抵制它们的出现。

要达到我所说的过度，并不是做到晦涩难懂就足够了。当有人就作品提出问题时，为了帮作品辩护而保持可怕的沉默也是不够的。在我提到的那些人中，不止一位是相当谦恭并且愿意加入讨论的。这并不是很重要，他们并不比其他人更加掌握事物的秘密，但是他们却能够享受谈论它的乐趣。工作室或写字台是绝望的孤独场所，或者说是为了陌生人的利益而被遗弃了的，在对话的扶手椅与圆桌之间，鸿沟依然无法逾越，他们也就任之留存了。

想象一下福楼拜在皮沃（Pivot）① 那里谈论《包法利夫人》的情景。他很有能力，知道如何处理成见。但是，他的写作计划不是去写一位小布尔乔亚女士的忧愁，而是去写一种从浪漫主义修辞中继承下来的典型痛苦是如何被她认为可以显示并缓解她的忧愁的，福楼拜怎样才能让亲爱的观众们领会这个过于微妙的想法呢？［以及他如何才能让接受理论家们领会呢？福楼拜在他的《庸见词典》(*Dictionnaire des idées reçues*) 和《布瓦尔和佩库歇》(*Bouvard et Pécuchet*) 艺术中提到了关于接受的理论。］

之所以说福楼拜是家庭中的白痴（l'Idiot），是因为他和波德莱尔一样，是最早直面制度之愚蠢的人。波德莱尔在他的笔记本(*Carnets*) 中写道："我在快乐和恐惧之中培养了我的歇斯底里。今天，1862 年 1 月 23 日，我遭受了一次奇异的警告，我能感受

---

① 贝尔纳·皮沃（Bernard Pivot, 1935— ），法国记者、作家，著名文化节目主持人，曾任法国龚古尔学院主席。——译注

到愚蠢之翼扇起的风从我的身上吹过。"(《全集》，七星诗社，第1265 页）如果我们不得不变得愚蠢，那是因为"世界末日到了"。我们知道这个文本，波德莱尔恰如其分地称之为"作品中的插曲（hors-d'œuvre）"，它描述了世界在诗人惊恐的目光下正变得超出任何作品（dehors-de-toute-œuvre）。这是一个完全可交换的蠢笨世界，在金钱的统治下，所有商品、货物、身体和灵魂都等同于金钱。我们的东西（制度）不过是将相同的交换流程延伸到了语言上：对话、互动、公开和辩论，在此，言语与言语之间的交换就像使用价值和使用价值之间的交换。诗意的歇斯底里切断了重复的循环。它坦白道，它在快乐和恐惧之中培养着它的离去。

在我听到重复的地方，尤尔根·哈贝马斯和曼弗雷德·弗兰克（Manfred Frank）破译了自由和平等的承诺。信息得以交换的前提是它们能够被理解，难道不是这样的吗？同时另一个前提是，你我可以轮流占据说话者和聆听者的位置。理查德·罗蒂甚至坚持认为，无论说什么或如何说，仅仅这一语用学前提就足以保证民主团结。语言可以是"苍白"的，就像加缪的《局外人》，但重要的是它是向着他人讲出的。

人类语言在结构上赋予了说话者向他人说话的能力。但能力并不等于责任。从来没有人证明过故意保持沉默是一种过错。只有把沉默强加于他人才是一种罪行。人们将他人驱逐出对话者的共同体，并且又在这一损害以外加之更加严重的伤害，因为被驱逐的人已被禁止说话，他根本无法就自己被放逐而提出上诉。无论是政治、社会还是文化，这就是恐惧的施行：剥夺他人对这一剥夺做出反应的力量。不管人们怎么认为，死刑（即使它是合法的）总会让我们联想到这一罪行。而同样地，如果一个孩子的伙伴告诉他，他们不会和他一起玩，并且这一点不容讨论，那么这个孩子实际上就是反人类罪的受害者。

因此，人们理所当然地认为，人类社会建立在对话能力和对话权利的基础上，共和国有责任监督这一权利并教导这一能力。如果我们要结束所谓"法国思想"所受到的非理性主义、蒙昧主义、恐怖主义，有时甚至是法西斯主义的指责，就必须明确地说出这一点（说实话，这还是陈词滥调）。对这些指责逐一进行反驳是很乏味的。这样应该就足够了：恐惧，以及作为其对偶词的卑鄙，必须被排除在共同体的体制之外，同时作为条件，它也必须在书写之中被忍受和承担。

*

这样一来，对创立了（或许现在仍然还在创立着）共和共同体本身的主体感到模糊，也并没有被禁止。我知道，制度对此毫不在意，它正试图让人们忘记两个世纪前法国大革命的恐怖。所以我们只能说，以下的反思并不重要。

1792 年 12 月，在国民公会上对国王进行审判时，圣茹斯特（Saint-Just）转向坐在右边的吉伦特派并宣布："这个人，要么统治，要么就去死"。这种选择排除了生存的可能。路易·卡佩（Louis Capet）无法加入共和共同体。作为国王，他的权威来自上帝。而共和国却不认法律，只知道自由。1793 年 1 月，当路易十六的头颅在革命广场上被砍下时，人们切断的也正是上帝的话语。共和国，因此以及对话，都只能建立在弑神的基础上，它始于"没有他者（Autre）"的虚无主义断言。这是人类作为孤儿

170

的开端吗？圣茹斯特并不这么认为。没有什么比孤儿更可疑了，他具象了形而上学的忧郁，他让消失的父亲和母亲在他的思想中永存。哀悼必须到此为止。圣茹斯特决定，"幸福，是欧洲的一个新观念"。幸福，忘记这场谋杀，是共和国的责任。仍然需要努力……

在等待这个可怕的国民天堂的同时，我们必须对忧郁者们保持怀疑。要么统治要么去死的人是国王，但每个人都必然是要么自由地统治、要么顺从地死亡。任何不符合自由法则的动机都会受到怀疑：激情、利益、经验主义的人民灵魂中一切有利于暴政的东西。圣茹斯特的选择，就此将民主（也即康德所说的暴政）与神圣共和国切分开来。

但应该将这把切分的利刃置于何处呢？首先，自由是一种理性的观念，它从未在经验中毫不含糊地显现。我们永远无法确定，以自由之名颁布的法令是否隐藏着不可告人的动机。我们又怎么知道，我们能否摆脱这些动机？自罗伯斯庇尔（Robespierre）开始，每个人都在怀疑自己。恐惧内在地施行。

其次，如果说自由奠定了法律，那么法律不说自由还能说些什么呢？自由是纯粹的开端。它不知道在它行动之前所发生的一切，因而也不知道它之前的行动所留下的痕迹。它能建立什么呢？它只可能畏惧自己的作品，畏惧它在当前行动之前的所有，畏惧占据灵魂的旧制度。内在的恐惧毫不停歇。

我们还需要提醒这些众所周知的事实吗？当然，还有必要提醒一下我们的对手。他们对共识的兴趣绝不完全是共和主义的；正如我已经提到的，他们的兴趣也在于他们那计算的制度，波德莱尔将其称为"卖淫"。即使我们赞扬他们的美德，我们也应该

171

请他们记住这是何种罪行的产物。他们宣扬普遍的可理解性，而其前景已被血腥地一击清除。弑神的代价无法被计算，待偿的债务也不会因任何理性的交换而被免除，因为，这种交换本身、它的自由和它的权利，全部源于罪行。

恐惧，不仅是我们所熟知的历史事件。每一次共和国立法、每一次公民发声，恐怖都在重复着阻断的行为。自由本应为所有人和每个人制定法律，但它却永远无法保证自己不被某些功利效用所侵蚀。怀疑的时代远远不会结束。圣茹斯特是否知道，恐惧也将是这命中注定要自由的世界之命运？他又是否知道，兄弟会将不断挑战兄弟的权威；所有法庭都将不可相信；以及两个世纪以来，欧洲和全世界将为了确定法律的体现和内容而挑起战争？拿破仑说过，政治成为了现代的悲剧。现在一切都结束了，我们正在共识之中庆祝着授权封爵之争的消失。

然而，对于"感性的灵魂"来说，痛苦始终延续，它不能以本来面目示人，要成为他人却又无法做到，它还必须向这个从来就不清不楚的他者做出回应并为他负责。奥古斯丁与保罗一起，率先揭示了自我与更为深层的他者之内在共通。他者比自我更深，因为自我无法理解他者。而奥古斯丁仍然相信，这个他者，这个慈爱的上帝，只会希望他好。

弑神之后，上帝并未死去。波德莱尔写道："上帝是唯一的存在，为了统治，他甚至不需要存在"。那么，他是在统治这个世界，但他的法令（如果有的话）却是不可理解的。他的法律本身就值得怀疑。我们如何能断定他者对我们的启发不是撒旦所造成的呢？恶不是善的对立面，而是善恶间的不可判定。正如腐坏可以伪装成美德，撒旦也可以伪装成上帝。贝尔纳诺斯

（Bernanos）^① 说，今天的信仰意味着相信撒旦。但这也意味着相信丑行会得到宽恕。然而，如果没有被允许的信仰，自由的法律也就没有能力兑现这一承诺。共识并非是对罪行的救赎，而是对罪行的遗忘。我们被要求帮助解决世界上层出不穷的不公正现象。我们正是这么做的。但我所说的恐慌与公民的担忧并不相同。恐慌抵御着共和国和制度，并且比它们更加古老，它保护着我们内心深处那非人的陌生人，同时又从中逃离，这正如波德莱尔所说的"快乐和恐惧"。

如果作品仍然是可能的，如果制度不单独生产作品并将其用于自身，如果文学、艺术和思想没有死去，那么这是因为它们歇斯底里地培养了这种与非相关事物的关系。波德莱尔说歇斯底里，是因为这种关系必须被铭刻，这就是写作想要表明的东西，它必须在物体的材料中、在色彩中、在声音中、在文字中、在极其丰富的物质中被追寻。这并不是在与这些材料进行对话或者让它们清楚地"说话"（没有必要为此而写作），而是要归还**它们的**沉默，这种沉默，在人的身体中制造了如此多的噪音，它让我们暴露在它的力量之下，并从中获得了诗的姿态。

让·波朗（Jean Paulhan）^② 在《塔布之花》（*Les Fleurs de Tarbes*）的副标题中写道："文字中的恐惧"；让他感到惊讶的是，他那个时代（当时正值占领时期，用好的话说，波朗参与了一个抵抗组织）的评论家们从未停止对文学作品中语言材料的地位表示惋惜。这些评论反复强调，它们仅仅是词句而已，和柏格森一

---

① 乔治·贝尔纳诺斯（Georges Bernanos, 1888—1948），法国作家，代表作《在撒旦的阳光下》《一个乡村教士的日记》等。——译注

② 让·波朗（Jean Paulhan, 1884—1968），法国作家、文学评论家。——译注

样，这些评论认为语言不过是活生生的思想留下的垃圾。皮埃尔·诺拉和其他许多人就是这样敦促我们的，要做到易于阅读、可以交流，一言以蔽之，即要达成共识。

但是在写作、绘画和作曲时，我们会立即遇到什么呢？我们会遇到词句、声音和色彩，它们当然并非原始的，而是已经被我们所继承的修辞学安排好的，并且已根据我们的调节而倾向于巴特（Barthes）继布封（Buffon）①之后所说的风格：一种历史，一种自然。然而写作就是要让这种学来的或自发的雄辩噤声。在此，恐惧发挥作用，它对我们最亲近的事物强加沉默，并切断了我们最熟悉的重复和表达。同时，正如自由的法则那样，一种随之而来的恐惧就此产生，这恐惧，就是无法知晓在这些沉默而喧闹的材料之中究竟有什么意图。

过去，知识分子是幸福的作家或艺术家：他的作品虽然是在我们说到的前提下产生的，但却同样有力量提醒公民社会或政治社会尊重他的理想目标。而在今天，知识分子不需要经历写作的磨难。他们被制度要求公开发表宣言，只是因为他们比其他人更懂得如何**使用**语言去重申共识的急迫性。我所说的恐惧，源于这样一个事实：如果要去写作，就会被禁止使用语言，语言即为他者。我们可以、我们必须在讲台上做一个知识分子。而在画布和书页面前，共识则宣告无效。

---

① 罗兰·巴特（Roland Barthes, 1915—1980），法国文学家、哲学家、社会学家；布封（Comte de Buffon, 1707—1788），法国作家、博物学家。——译注

14．音乐，无声

按照时期和流派对艺术作品进行分类是一个严重而常见的错误。实际上，我们只是在对文化进行分类，它们与政治事件、人口变迁和经济变革一样，都属于可观察的历史事实之现象。然而，作品中的艺术是独立于这些背景的，即使它只能通过背景，并在背景的情况中表现出来。作品的艺术始终呈现一种空间—时间—物质的姿态（geste），音乐作品的艺术则呈现一种空间—时间—声音的姿态。

这种姿态并非是作者做出的。作者的工作是让声音表现出一种似乎超越可听性的姿态，并将其痕迹记录于决定可听范围的空间—时间—声音之中。这种姿态在能乐（musique nô）中的情感力量不亚于舒曼（Schumann）的浪漫曲。皮耶罗·德拉·弗朗切斯卡（Piero della Francesca）壁画中的光影与塞尚（Cézanne）水彩画中的一样"不可见"。姿态，不是作品的内容或形式，而是作品那绝对动人的力量，它并不会随着历史的进程而变化发展。

没有作为姿态的艺术史，只有作为文化产品的艺术史。超出可感范围而能影响感性的力量，不属于以顺序而逝的时间。只有我们所说的艺术的"功能"，即在人类共同体中收集到的姿态之痕迹，才会随着共同体的变化而变化，并且能够用时间划分。

音乐在斗争，在最强烈的产科学（obstétrique）和精神分析的意义上**生产**，并以此从可听之声中呈现出超越可听范围之有声姿态（geste sonore）的痕迹或迹象。这就是我们需要探讨的悖论观点，因为是悖论的，所以也是哲学的。这是一个双重悖论：首先是一种有声物质，它无法被听到，因为它超出了可听范围，然而——如果我可以这么说的话——它又却**已经**是声音了。其次是一种姿态，这种姿态已经存在于上述物质中并由之构成，因而也就存在于通过这一姿态本身展开的空间—时间中并由之构成，这种姿态不是或者说不仅仅是一个有意识的主体（即作曲家）的作品。作曲家必须首先像女人和病人的**生产**那样，留出一条道路，让**尚未**到达的事物——孩子、经历，这里则是乐句，以及**已经**是潜在的人类生活、或许的记忆或可能的声响——能够通过这条道路到来。有意识的主体为了自己、同自己一道并反对自己而生产，以便使自己能够应对可能发生的事。音乐的姿态作为一个事件，在毫无防备的情况下做好准备传入耳朵。这并不是因为它的出现出乎预料，而是恰恰相反，它早已在意料之中，而且是人们强烈渴望的。但是，正如我们说过的，它之所以是一个事件，是因为产生它的主体在过去与现在都不知道这个事件是什么、由什么组成。他并不能控制它。

在此，必须对这个问题看起来过于浪漫主义的立场进行修正。这个修正涉及的是语言问题而非主体问题。无论作曲家如何小心翼翼地处理他的期待以及预期乐句的"空闲"（désœuvrement），无论他以何种生产方式为迎接这一乐句的出现做好准备［只需提及两位同时代的大师，凯奇（Cage）和布列兹（Boulez）：不管是通过切断的艺术，让音色在毫无准备的情况下发出声音，还是通过增加乐句的限制，以便像用产钳夹取那样，让音色分娩出那并非自发产生的姿态之有声物质］，无论运用这样或那样的"技巧"，或是任何空闲的过程，都会产生一些有声**形式**。由此而产生的作品是可听的，而可听之声之所以能够被听到，是因为它由或者能够由一种声音的语言形成。音乐的杰作不可能不为耳朵所知晓。呈现有声的姿态，必然意味着将声音的某些内容铭刻进一种能与听觉对话并影响听觉思维的语言中。姿态可能是一个谜题，但它在可以感受到声音的人体中的现实化，却并不意味着一种具象化（incarnation）的神秘。

　　然而，如果我们满足于破译和识别这些形式，满足于描述它们是"如何被完成的"——可以肯定这的确是一项有用且必要的任务——我们就会把作品当作一个已经完成的对象，当作一个存在的既定事实。我们仍未达到，甚至都没能触及那些配得上作品之名的乐章之关键所在，这即是那一谜题：如何让听不到的、潜在的有声姿态显现出来并被听见。

　　我们应当接受这一原则：完成的（被听到的）作品之形式，是声音语言中一个有声事件的存放或归档，这一有声事件，由于没有更好的术语，我就称之为姿态，虽然它在原则上会挫败声音的语言，因为它并不能直接在这种语言中被听见。作品的可听之处只有在唤起不可听的东西时，才是具有音乐性的。

　　如果遵循这一原则，我们就会得出这样的结论：有一种低于或超出声音语言的声音，一种没有语言的声音，一种没有形式的有声物质。音乐作品的发展动力与资源汲取来自一种物质，这当然是有声的物质，但它却是超出或次于声音的。这一含义似乎非常可疑，好像是一个形而上学命题，而且是相当模糊的。具备这种要素的观念可能具有某种诗歌的价值；但是我们却很难认为哲学家会给予它丝毫信任。

*

然而，哲学借鉴诗歌并从中受益，这并非没有先例。尤其是在接近艺术之美的谜题时，概念性的讨论很快就会达到极限。当思想以音乐为对象时，侧耳向文学倾听是一件好事。文学之谜无疑对音乐的悖论并不陌生，尽管书写的要素及其试图在作品中捕捉的姿态当然与有声物质完全不同。

因此，我将暂且把哲学家对谜一般的有声物质的关注，归结为一个非常奇怪的主题。这就是帕斯卡·基尼亚尔（Pascal Quignard）① 所签署的《小协定》（*Petits Traités*）中的一条，他用第二十条协定，即题为《语言》的几页纸（第四卷）概述了这一内容。在"语言之下的语言""有声背景""有声地平线"甚至"有声气味"等标题下，我仿佛听到了我所想到的某些要素。事实上，这篇文本讲到的不是音乐，而是语言。但这却是被说出的语言，这种情况允许我们进行类比，因为正如我们已经听到的，这是关于声响的。基尼亚尔非常谨慎，我也将跟随他的思路，不

———————
① 帕斯卡·基尼亚尔（Pascal Quignard, 1948—　），法国作家，代表作《符腾堡的沙龙》《音乐之恨》《秘密生活》等。——译注

178

讨论语言或音乐的起源，更不讨论其中一个是不是源于另一个。这个问题甚至不是一句画外音（voix off），而是一声**画外的喘息**（*souffle off*）。

下面是我从《语言》中摘录的一小段（*Petits Traités*, Maeght, 1990 年，第四卷，第 22—27 页）：

"无论人类、文明、时代、语言和作品如何千差万别，有时似乎都会产生一种幻觉，从它们身上浮现出一种惊恐的、普遍的呻吟，这总是赤裸裸的、新产生的，就像一种让人发疯的背景声音。语言之下的语言，是共同恐惧的片段之声，每个人无疑都会以自己的方式或多或少地发出这种声音，而在几千年的进程中，这种声音也从一个嘴唇游荡到另一个嘴唇，游荡在这几乎是关于性的、总是赤裸的脸部凸起上。这种恐惧，也许自人类手持石块时的喃喃声起便是基本的，但也正是这样的童年让我们重获新生，并让我们走到了一起。这种时而符合节奏、时而韵律不齐的叹息，这种呻吟的快感，是'讲同种语言的群落'的真正钟声。语言不能转向自己身后并显示语言的真理。似乎是这一充满惊恐的声音将我们聚集在一起，它哀悼着一位死去的父亲，并以家庭和社会的形式将我们无休止地联系起来，除了它的力量之外，它无需任何命令便能将我们联结。巴洛克音乐家在唱诗班中、在上帝之死的黑暗中奏响哀歌（Lamentations）。这是谋杀的声音。令 C. M. 鲍勒（C. M. Bowra）感到惊讶的是，在民族学家抄录的原始歌曲中，只有狩猎之歌，而很少有战争之歌，更没有爱情之歌。应该说我们必须要爱自己一点，这样才能尊重那些与我们相似的存在物。我们只是像我们的猎物。而这种相像不过是像他们的形象。在神话所通常勾勒的崇高且令人晕眩的存在等级上，我们很少会偏爱自己。众神创造的存在物中，除了按照他们自己的形象以外，似乎没有多少其他的模式。有些石头比其他石头更对称、更岿然不动——如果我们把癖好和它们联系起来的话。我们到底像谁？"

"在白色的泡沫之下，有一个巨大的相似性的浪潮，每当我们意识到这些相似性时，都会大吃一惊。我们都希望自己是独一无二的，但我们却形成了令人厌恶的集合。"

"在所有地点的背景之后，正是一个有声的地平线。这些声音的碎片来自曾经像宇宙那样爆发的、由压抑唤起的恐惧，它们在快乐中自设阻碍，在痛苦中逃脱消逝。对这些声音的认识，更确切地说应该是一种从未完成的发现，这发现往往是为时已晚，也无法让我们从中解脱出来。在这种知识中，我们突然不再相信自己是某种独创。如果说这一发现将我们丢弃在沙漠之上，它也并不会为我们除去所有不安。因为我们无法在任何事物中找到独创性，所以严格说来，它并不能驱使我们恰当地面向他人说话。它使我们陷入一种团结，我们无法从中解救自己，但是我们却突然很仓促地同意了这种团结，它就是如此的不可避免。走近我们的男男女女承认了自己的悲伤和死亡，浅浅的阴影猛然间掠过他们的脸庞，对此的感知实际上给了我们强烈的满足感。**在这种考虑过后**——只要我们有勇气——打破那些让我们相信我们本质上确实是我们自己的幻觉——**我们就不会再知道何为孤独**。这种感觉是富有感染力的。孤独，虽然会以痛苦扼紧孤独的人，但却是任何钱财都买不到的宝石。它是沉默和黑暗的邻人。世界上的所有语言，在这种对于饥饿、穷困、孤独、死亡和脆弱的呻吟面前，好像都是次要的。就像野兽互相蹭着属于自己的臭味那样，被说出的语言也都喜欢集体的声音。世界上的所有语言，无论多么强大或巧妙，都无法掩盖物种的这一有声气味。这种气味从未并且也永远不会被语言掩盖。"

作为一个有些临阵磨枪的初学者，我试着在这字里行间中找出有声要素和声音物质的某些特征，音乐正是铭刻在它的姿态之中，也正是它赋予了作品以情感力量。

首先，这种"语言之下的语言"的有声表象只有幻觉之耳才能听见。这声喘息在语言、作品和团体之内，始终潜伏在可听范围之下，但却从未被声音掩盖，它不说话，而只是叹息和喃喃。它没有历史，而总是一声"赤裸裸的、新产生的"呻吟，什么也不说。它似乎不为发音所屈服，即使在形式的话语中也是隐含和消沉的。它在嘴唇上游荡，使"几乎是关于性的、总是赤裸的脸部凸起"膨胀鼓起，它栖身于嗓音的推力，在千年的流传中此起彼伏地耸立。

然而，第二个特征将会相当矛盾，这声喘息虽然听不见，但却能够发出声音。基尼亚尔解释说，它听起来很沉闷，像是"一种惊恐的呻吟……对于饥饿、穷困、孤独、死亡和脆弱的呻吟"。有声要素是听不见的惊恐呼气。喘息是一阵恐惧的风或浊气（*flatus*）：我们将不复存在。这风**沉闷无声**，我们也对它充耳不闻。也许我们是**不能**听见。但它绝不是**缄默的**。或者说，它是古代词根 *mu-*，*mut-* 意义上的缄默。恐惧在低吼（meugle）、咆哮（mugit）、低语（murmure），它紧闭的双唇沙沙作响。基尼亚尔接着写道，"口中在接力，而牙齿下面却'没有任何'东西。"虚无无法发出声音，我们也无法咬住它。缺齿的空腔，无力的口鼻，这就是一个迟钝的乐器，虚无在此用连续的低音奏出它的恐怖。这是声音之夜，而非阴影之口。不管最清晰的乐句能有多么清晰，它们都在暗处发出着惊恐的吼声。

　　基尼亚尔接着强调了第三个特征。从这声喘息中呼出的压抑，是动物界所共有的。他写道，这压抑让人类"聚集"，就像"野兽互相蹭着属于自己的臭味那样"。这是种群的有声气味。惊惧仍然是无声（mutique）的，因为它不能向他人提及，无视了他人与自我。它居于他们的交往中，但却是以偷渡的方式。它取消了人称、代词和名词，取消了问题和答案，更取消了责任。它让我们无法"相信自己是某种独创"。无耻的压抑将独特性压碎在"巨大的相似性浪潮"之下，它驱使我们陷入恐慌的团结。死亡呼出的喘息"以家庭和社会的形式将我们无休止地联系起来……除了它的力量之外，它无需任何命令"。

　　基尼亚尔补充道："我们都希望自己是独一无二的，但我们却形成了令人厌恶的集合。"野兽般的呻吟是一种共同的感觉（sensus communis），这不是对于偏好（goût）的，而是对于厌恶（dégoût）的，是一种为无言的恐怖所拘束的恶臭气息。生命与生命之间，因毁灭的恶臭而聚合在一起。生命在无名的喘息中哀叹着自己的脆弱，它总是会被遗忘。我相信音乐的美感和情感能够唤起这种被遗弃的状态，它有声而缄默，一种没有相异性的混杂使它惊惧并将它浸入其中。

　　至于有声的要素，即低吼，它依然存在，并将与其他的一切一起，从充满威胁的虚空中被发出。

*

　　总的来说，这就是帕斯卡·基尼亚尔所想象的"语言之下的语言"，而我将其挪用为音乐之下的无声。这并不是说音乐**表达**或**翻译**了生命对任何引发死亡的东西的恐惧。表达或翻译都是不准确的术语。即使琴弦振动、胸腔和嗓音鸣响，惊恐的喘息仍以听不见的方式发声。身体（包括动物和人体的器官）的碰撞所产生的或多或少有规律的声响，并不是更加基础的音乐编排。哀歌被平稳地叹出，它不会像振动撞击障碍物那样产生共鸣。因为它不需要牙齿，也不需要声带和发声腔。它不是音乐，甚至并非独创，因为它并未发音。它不可听，因为它没有产生鸣响。而这是因为，它不是任何敲打的结果。它是一股浊气（*flatus*），一股浊气之下的气（*sub-flatus*），一阵空虚的风，我们的喘息就来源于此。这阵风既要吹过，又不吹过，因为它从未停止穿越可听之中产生的所有障碍。

这声喘息就是情感（l'affect）。它不是其他情感中的一种，也不是某种情感的调式，不是恼怒、害怕、喜悦、颓丧，而就是情感（l'affection）。情感是动物的行为。亚里士多德写道：动物是有感情的，它们停留于痛苦（*pathémata*）之中。动物性是痛苦的。可被感动，即是有感觉的。感觉力则即为脆弱性。我们不存在，我们要依赖，我们通过依赖才能存在。一个主人抓住你、掌握你，让你前进、又让你后退。他提醒你，你并不存在。这让你喘不过气。生命失去了喘息，又再次恢复，进而追赶，节奏变得混乱不堪。基尼亚尔写道："这种时而符合节奏、时而韵律不齐的叹息，这种呻吟的快感。"他还补充道："声音的碎片，来自曾经像宇宙那样爆发的、由压抑**唤起**的恐惧，它们在快乐中**自设阻碍**，在痛苦中**逃脱消逝**"。沙漠上空的黑夜，幻觉之耳相信自己抓住了虚无的喘息，这就是它不加掩饰的情感。情感的节奏和细微差别——

快乐、痛苦、忧郁——使随后而来的寂静之声调式转换。

改变情感的调式，就已经把这些嘈杂声付诸音乐，也已经赋予情感以形式并令其说话了。湮灭中喘息着的黑暗呻吟，在语句之中也在语句之下持续存在。（它并不是在完成一些可交换的句子。它只是要去擦蹭、去聚集、去低吼。）快感，这种恐惧的快感：只要你在叹息，你就还没有死去。

叹息没有音调。而所有的音调也都适合于叹息。喘息是无调性的。音调艺术（*Tonkunst*）首先向所有的呻吟敞开大门，然后再使其抑扬顿挫。音乐无法让人听到喘息，也无法模仿喘息，因为可听之声都不能与喘息相似，音乐只能使用夸张的短句，使其表达细微差别，并将其切分为不同的音高、音长和音强。喘息吹过而又不吹过。情感，也就是压抑，则一动不动地持续着。从这一没有延续的持续时间中，音乐创造了来来去去、恢复而又被遗弃的时间，它在沉寂和强烈中律动节奏，就像是在讲述一个激动人心的故事。音调的艺术削弱了呻吟，推迟了它那悲惨的连续性，又将有声片段组合在一起，使其首尾相连。

这种非常积极有效的生产，难道不是因为发声的语言和话语表达的能力吗？这个问题在此不做回答。不仅因为时间不够，而且还因为这个问题提得不好。

我们听到了一种声音，一声可分离的音调，一座从夸张之中浮现的岛屿。随着可听之声的出现，承诺也随之产生。这个声音承诺着还会有其他的声音。将会有很多东西，而不是什么都没有。湮灭的恐惧从来没有停止过，它始终是听不见的，因为它是连续的、发音不清的、无法向他人提出的。音乐从听不见的喘息中生产出可听之声。音乐试图将之写成乐句。而在赋予喘息以形式的过程中，音乐却背叛了它、忽视了它。但同时，音乐也做出了承诺。每一个有声的句子，哪怕是最简单的乐句，都宣告着还会有下一个句子，宣告着还并未结束，也宣告着乐句的结束不是终结，在虚空之中，音乐还将会自我回响。每个乐句都要求得到其他句子的尊重。这种荣耀，将足以防止动物陷入惊恐或者被有声气味所窒息。

音乐是对存在之光荣与未来的赞歌，因为它与存在截然不同，又是存在之无限决定性的恩典，然而，音乐在其之内却保留了一种前所未闻的、顺从非存在之风的愚蠢回声，而这也就是存在的回声。

乐句向你奔来，并要求你提供另一个乐句。你要接连上它从而达成它的要求。从杰苏阿尔多（Gesualdo）到布列兹，这在音乐中被称作应答轮唱的颂歌（*répons, responsoria*）。应答轮唱不是回应（*réponse*），而是致词和报告。一轮轮的颂歌之间，几千年的时光消逝在被发声、被挑起和被讲出的忧伤低吼中。

一个共同体就此诞生，它即使在素歌（plain-chant）之中也是复调的，即使在对位之争中也为有声的幽灵所诱惑。它让我们忘却了无名的部族，忘却了他们因不再存在而发出的恐惧叹息。然而，这却不能抹去他们。就算是《唐·乔万尼》（*Don Giovanni*）的自由咏叹调，也隐含着绝望，就如巴赫的康塔塔（cantate）或舒伯特《弦乐五重奏》（*Quintette pour cordes*）中稍快的柔板那样。即使是在《儿童乐园》中、在《（为一只狗而作的）真正松弛的前奏曲》中，以及在《一只绿老鼠》[①] 的间奏中，也是如此。

---

① 三者分别为法国作曲家克劳德·德彪西（Claude Debussy）的作品、法国作曲家埃里克·萨蒂（Erik Satie）的作品，以及一首著名法国童谣。——译注

缺乏存在，而又不缺乏存在，这都造成一阵恐慌的嘈杂。这种非存在的嘈杂声，赋予音乐一种具有非物质幻象的物质，以及一种被转化为具备抑扬顿挫之表象的姿态。

由此，我们是否可以说，在音乐之前就有声音和夸张？但是只有音乐的音调和激情，才能让我们对有声背景产生怀疑。只有在聆听音乐语言的过程中，我们才能隐约听到未曾听见的喘息。身体必须歌唱（chante）并被诱惑（s'enchante），才能进入幻觉破灭（désenchanté）后那身体的谵妄，才能在自身之中幻想出另一个身体，即一个永不变调（déchanter）的缄默身体。如果没有音乐，那么要如何暗示那听不见的哀鸣？我们又如何能够将它想象出来？它就会像天体音乐（la musique des sphères）那样无声无息。天体没有语言，也听不到自己的音乐。它们因被抛入虚空而哀鸣。宇宙的哀鸣是缄默的。唯有撞击、敲打和中断才能让它歌唱，而在此之后，被唤起的仍是它那可怕的沉默。

*

从这种对有声之黑暗的遐想中，我们很容易就能得出一些教训。

有一种有声物质，它并不是音乐家所说的材料。材料是声音的音色，它可以被听到。而物质是听不到的，它是被感受的苦楚。这种苦楚含糊地哀鸣着，它毫无所求。情感是一种被遗弃和被丢失的威胁。呻吟的喘息，也就是有声的物质，它秘密地栖息于可听的材料中，也就是音色中。

这种物质，是身体在经受失去的打击时所发出的无言声音。

我们可以说：这是死亡在活着的身体中发出的声音。或者又可以说：这是存在在存在者中发出的听不到的声音。感觉力或感性开启了对于身体的考验。这种考验不是体验，而是折磨。某种不属于身体的东西向它倾泻而来。在任何反应之前和在任何反应之中，这个东西都会在它身上发出它听不到的失败之声。身体被打败，也就是说被折磨。这种进犯的低语是不可听的。只有反应，只有音乐赋予身体的形式，才会向这个奇怪的东西敞开。但这个东西却什么也不是，它只是虚无，隔绝着（*estrange*）被感动的身体，并向其发出害怕被遗弃的喘息。

正如有声物质一样，可见物质也是如此。身体是有感觉的，因为它有许多扇门，这些门也是敞开的。通过每一扇门进入的，总是同样的信息——身体并非是它本来的样子、它没有情感就什么也不是，而情感却也正向它宣告，它什么也不是。通过身体的纹章而进入的感觉和知觉（*l'aisthésis*），不仅是物体的形式，更是被刺穿的痛苦。色彩亦是如此，它是可以被可见之物穿透的身体，因此它本身并不可见，既没有形式，也没有名字。它是视觉失调的身体的苦痛。绘画让色彩这种可见的气味清晰发音，又改变它的调式，让它清楚可见。色彩的物质向眼睛宣告，它们正顺从于某些不是它们本身的东西，它们无法看见色彩本身，因为它们只有通过色彩才能去看。

色彩的物质，从颜色的角度来说什么也不是，它在身体内是视觉的隔绝。正如有声物质是无声的那样，视觉物质也是失明的。对于虚无的这种恐惧，我们既听不到它的喘息，也看不到它的闪光。凝视，只是对这种盲目的压抑之回顾、补救和反应。不可见的色彩被惩罚为视觉的死亡。正如天体的音乐是一种不可听的咆哮，宇宙中据说是闪耀的色彩，也以一团不可见的震动、一团保罗·克利（Paul Klee）想象的中性灰色，向身体发起进犯。就像叹息对于耳朵来说是一句无声的声音，灰色也是一种无色的颜色，它让眼睛感受到了迷失的恐惧。

美术之间的差异源于各类物质的差异，也就是说，源于身体所受到的无用和麻木之威胁的不同方式，这些方式都是偶然的：耳聋、色盲、卧床不起，等等。美学是一种恐惧症，它**显示**出麻木、属于麻木，又从麻木中恢复。我们歌唱**是因为**我们听不见，我们绘画**是因为**我们看不见，我们跳舞则**是因为**我们无法动弹。在每一门艺术中，最无关紧要的一句话也值得被宽恕。我所说的"看不见"，"绘画是因为我们看不见"，是指：令人窒息的灰色是绘画所期待的姿态之要素；绘画就将这一姿态铭刻在可见的色彩中；绘画让我们忘却恐惧，而恐惧却是它的动力。

*

基尼亚尔写道："一种让人发疯的背景声音"。我们说：这是因恐惧而疯狂，因恐惧而瘫痪，因恐惧而灰暗，因恐惧而缄默。对这种疯狂的假设本身也是疯狂的，这是一种思辨的幻觉。但是，为了接近艺术姿态的观念，也许有必要付出这一谵妄的代价。

如果说一件作品是艺术，那是因为它过度地表露了身体所能感受到的东西，以及所有身体组织（生理的、文化的）所限制的感觉。疯狂的思辨表明，这种过度**已经**成为感觉的原则，同时也是感觉之物质的原则，或许这在其他任何地方都没有了。感觉不仅接收着有用的背景信息，而且还即时地提醒着威胁来临。身体并不属于它自己，只有当它暴露在另一事物面前、被剥夺了自我，并面临毁灭的危险时，它才是有感觉的。身体只有在可悲之中才有感觉。

超验性——优美或崇高，这并不重要，在作品里看不出区别——作品的超验性就在这里，就在于唤起这始终笼罩在感觉中的脆弱性。作品的超验性，就在于不幸的内在性。

音乐之姿态使得不可听的呻吟变成可听之声。但是，为了做到这一点，姿态必须向其赋予形式。因此姿态就永远只能错过呻吟并将其遮盖。然而，这种徒劳的生产或许足以在音乐的语言中唤起惊恐的喘息。这低吼是顽固的、永久的，就像为了不死那样紧迫。正因如此，作品所能承载的见证（即使它总是令人怀疑的），这种我们称之为优美或崇高的见证，也是不会消亡的。它穿越历史时空，就像衰弱的喘息从节拍中滑落，而这节拍分割着声音的空间，并向音乐赋予了材料。

15. 最微小的灵魂

当缺少作为信仰对象和合法性典范的理想时，倾注其中的需求并没有被打消，而是继续以获取呈现理想的方式为目标。康德称这种方式为思想的审美风格（*modus aestheticus*）。美学是被理想遗弃的文明模式。它培养了呈现理想的乐趣。因此，它也就被称作文化。

发源于古代、基督教以及现代传统的西方文明之理想正在走向终结。终结的原因并不在于所谓的现实，无论这现实是历史的、社会的、政治的，还是技术科学的。西方反复出现的危机，或者说永久性的危机，正是源于一种本质的倾向。西方的文明，是一种质疑自己作为文明之本质的文明。西方文明的独特性就在于这种质疑，而这质疑却又反过来赋予了西方文明它所声称的普遍性。

西方以一种重复的姿态，获得理想、质疑理想而后摒弃理想。这种姿态并不局限于哲学或者说希腊传统中。在基督教的奥秘或经典现代性的物理学和形而上学中，也同样有着潜在的怀疑或虚无主义。无论传统给它起了一个什么样的名字，其中的否定性力量都提高着它对普遍性的追求，并促使着它承诺去实现和理解所有可能的经验。绝对的知识要求彻底的虚无主义。

美学自称是现实的（在场的、行动中的），因为西方带着一种忧郁的自满沉思着那些被它留在身后的破灭理想，并由此实现了它的虚无主义。美学是崭新的，因为虚无主义是古老的。西方知晓文明注定消亡。但若它知道了这一点，也就足以使它不朽。它活在文明的死亡中，就像活在自己的死亡中一样。它让自己成为世界的博物馆。这样一来，它便不再是一种文明，而是变成了一种文化。

我们有许多词语可以用来注解文化之中所固有的审美化：舞台化、壮观化、媒介化、模拟化、人工制品的霸权、普遍的摹仿、享乐主义、自恋主义、自我指涉、自我情感、自我建构，等等。这些都是在说对象的丧失以及想象胜过了现实。我们可以盘点这种在所有活动和思想领域中的淡淡失望：这个问题上的"人文科学"是源源不绝的。我随便举几个例子：农民阶层的消失，自然生态的保护，电视上的海湾战争，货币的过度投机，作为艺术创造的科学，对政策的撤销，对妇女、儿童、少数民族及性少数群体的"解放"。文化的意义在于，驱散身体之存在（无论是个体的或是集体的）中的命运、痛苦和有限。这是一种没有身体的美学，是用经过缓和与过滤的感性（*aistheta*）所虚构出的。它呼唤着一种"弱势思想"（*pensiero debole*）（瓦蒂莫），主体的拟仿物与客体的拟仿物在其中交流互通（鲍德里亚），这只有唯一一个"民主"条件，即"对话"不能受到任何阻碍（罗蒂）。

*

有一些迹象表明，哲学也沾染了美学的毒药，以至于它希望从美学之中找到治愈其失望的良方。哲学从美学那里汲取了与现实保持联系的慰藉。如果现实被审美化，哲学就会去从事美学，甚至变成美学本身，而同时，哲学也仍将作为时代的儿女。

然而，哲学必须记得，这些完全是无稽之谈。因为首先，哲学从来都只是一个私生子。无论是早产还是晚熟，它始终都是妍居的后代，也很难在其时代中与父亲相认。这是有道理的。就如伦勃朗（Rembrandt）的绘画那样，斯宾诺莎的思想也并非17世纪荷兰的后代。哲学与艺术一样，同样不可还原，或同属文化领域。

另一方面，如果当下的现实在普遍的想象中变得不再真实，那么哲学如何才能成为它的儿女呢？通过将自身审美化吗？但哲学的美学（l'esthétique philosophique）在区分了真、善、美的理想之后，又将美独立出来，献给它一门有别于其他理想所要求的思想学科。当代文化淹没了这些理想，并将它们的区别浸没于审美化的浓汤中。哲学似乎并不应该反过来被浸入其中，相反，它必须向这一简化的混杂行使它的辨别能力，同时，它也必须不忘追问，这种能力在今天应被如何行使。

最后，传统哲学家拒绝帮助美学的首要理由是，他们不能忽视美学论证之中固有的"不一贯性"。我刚刚提到的"区分的思想学科"，是对审美进行检验所要求的，哲学的美学，从一开始就抵抗着逻各斯的控制，以至于动摇了逻各斯的帝国。如果哲学要接受美学，或者更糟糕，如果哲学要转化为美学，那么哲学就必须放弃它那作为理性知识的特权。哲学非但不会反思自身环境的审美化，反而会进一步向前推进、尽可能详细地阐述两个世纪以来哲学的美学在其内部造成的"灾难性"影响。因此，哲学将通过完成哲学的美学而将其终结。

我们只需简要回顾一下哲学的美学所固有的困难。当艺术本身开始被视为一种活动、而非被简化为某种文化或政治的意图时，它就与艺术批评一起，在现代思想中占据着一席之地。18 世纪初，一些公开展览首次开幕。这里的音乐、视觉和文学规范，或多或少是由古典或基督教的诗学所确立的，正是它们让那些旨在打动宫廷社会和信徒群体（这两者就成长于这些规范下）的作品合法化。这些规范在理想之美（也是理想之善）的概念基础上定义了**方式**（*manières*）。

而相反的是，参加展览和沙龙的新生代公众对于审美的方式非常陌生。他们在评判作品时，并没有被教导过如何让自己的愉悦屈从于规则。他们并不怎么相信理想。因此，如果说从艺术中获得愉悦是有条件的，那么这些条件并不是规范审美的先天规则，而只能是从自由给出的多种判断中得出的规律。美学，就诞生于这种排除诗学的翻转之中，它也立即遇到了作为一门哲学学科所面临的困境：要去论证一种不能由概念确定的审美判断的条件。

或者，这些条件确实是可以被确定的；那么审美也就是确定的了，我们就又回到了诗学的旧制度中。或者，审美是不能被确定的；那么美学就无从论证，对美的感受仍将陷于直观的黑夜中，在此，所有的判断都是相等的，所有的牛都是黑色的。康德的批判以审美的二律背反为题，阐述了这一致命的二者择一。想要解决这个问题，就必须接受这样一些逻辑怪物：没有最终原因之表象的目的性、没有概念的普遍性、仅作为典范的必要性，以及最紧要的，没有兴趣的愉悦。如果不屈服于这些悖论，美学就会陷入其中一侧或另一侧，它要么被驱逐，要么就为论证的话语所挟持。事实上，美学自它那不稳定的开端以来，就否认了简单概念有能力去确定美的感受。美学刚一诞生，便拒绝了理性主义哲学把整个经验封闭在一个统一系统之中的希望。

谜题还可以被解开，但是奥秘却必须是理性无法破解的。对于知性而言，形式之美就是一个谜题。但是，那些感性无法以形式呈现的"事物"在感性之中的"存在"，却能够打动我们，这在正确的逻辑中是一种不可接受的奥秘。然而，有关崇高的描述都集中在这一反常现象上。自然界的规律发生了错乱，知觉无法保持自己的场域，自朗吉努斯（Longin）以来，人们就一直认为这种知觉（*aisthesis*）的失败会引发最为强烈的美学情感。崇高的痉挛，正是一种边缘性的美学感受，它就像审美的幸福一样，是在一种感觉出现时被体验到的。但这却是因为这一感觉超越了感性，并使之陶醉至死，而并非因为这一感觉使得感性对美产生了回响着的甜蜜共鸣。

显然，任何技艺（*technè*）都无法达到这种感情横溢的效果。以崇高为目标的艺术注定会走向变质。因此，并不存在崇高的诗学。那么也不存在崇高的美学吗？崇高需要的是一种消极的本体论。这不妨碍我们对艺术的荒诞性有所期待：艺术在感性（视觉、文学、音乐等等）中见证了这样一个事实，即感性之中缺少了某种东西，或者某种东西超越了感性——它的名字并不重要，它是无以名状的。

这种期待不仅适用于被艺术史家称为"先锋"的作品。或许所有"伟大"的作品都是先锋的。因为它们经久不衰的原因就在于这一疑难，即它的物质材料暗示着非物质的"存在"。现代先锋艺术不过是在提醒我们这一点。当这些作品的"文化背景"消失时，如果它们还有可能保持打动我们的生动力量，那当然是因为我们组成了一个未被任何现代性授予某种确定审美的公众；但最重要的是，这些作品通过其时代的"方式"，呼唤着不属于任何时代的神秘"存在"，并在感性之上与其对抗。这些方式从未雷同，却都发出了同样的呻吟：美学的存在必须不断从奴役和死亡中被唤醒。在伟大的作品中总回荡着虚无的警告。

*

将表象之虚假与缺席着的存在之真实对立起来，是哲学上的陈词滥调。这也就是为什么，哲学对美学感受的固执己见、对幻觉的冥顽不化感到不满。但是，哲学却把感觉归结为一种认识模式，并轻轻松松地指出这种模式毫无意义。然而感觉同样也是"主体"——也应该说：思维的身体，我称之为：灵魂（*anima*）——在可感事件中体验到的情感。无论是真是假，知觉会立马改变灵魂，并使之倾向于幸福或者不幸。哲学的美学将这种联结作为一项原则。然而这原则的前提是，灵魂实体具有被感动的能力。在接下来的思考中，这个形而上学的预设将被"加上括号"。

哲学的美学能够从感性对灵魂的这种自发可感性中，看到思想与世界之间原初和谐的迹象。哲学有时认为自己可以在这种和谐的基础上为精神建立一种有关可感自然的目的论原则。但这却忽略了感觉的矛盾性，而对崇高感的分析——它本身也是如此矛盾——已然揭示了这一点。

灵魂对感觉的可感性，并不仅仅是双方彼此联结的标志。更加隐秘的是，这隐含着一方对另一方的绝对依赖。灵魂只有在受到感动时才存在，感觉，不管是愉悦的还是讨厌的，都是在向灵魂宣告，如果没有任何东西影响它，那么它就根本不会存在，并始终毫无生气。这个灵魂，只不过是可感性的苏醒，但它仍因缺少音符、色彩、香味以及激发它的可感事件，而一直处于未被感动的状态。这个灵魂并不感动自身，只有来自"外部"的他物能使之感动。在此，存在并不是一种面向其意向相关物的意识，也不是一种永恒的实体。存在从无动于衷的虚无中，被一种别处的感性所唤醒。情感的云雾在这一瞬间升腾，并立即展现出了它的深浅变化。

感觉打破了沉寂的非存在。或者应该说，感觉警醒它：它**存在**着。我们所谓的生命，来自外部对麻木所施加的暴力。灵魂只有在强迫之下才会存在。可感事物（*aistheton*）把无生命的东西从非存在的深渊中救出，以闪电之势击穿它的空虚，并赋予它以灵魂。一种声音、一种气味、一种色彩就这样从中性的连续中、从真空中提取出了感觉的脉动。

灵魂受到侵犯、遭遇侮辱，依附于感性而存在。美学的条件就是对可感事物的屈从，没有可感事物，美学不过就是麻木。它要么被外部的惊奇唤醒，要么就会被湮没。感觉的性质、或者感觉的本质——幸福、不幸或者二者兼有——可以让我们忘记这个条件，但却不能够废除它。即使是在最强烈的兴奋中，灵魂仍是受到了外部的驱使和刺激，而毫无自主性。它不够稳定、全无准备，就像那些唤醒它的可感事件一样。即使事件向灵魂赋予生命，并将之抛入强烈的痛苦和／或愉悦中，它将仍然沉浸在死亡之威胁的恐惧和存在之奴役的恐怖中。如果可感事物不够了怎么办？啊！那就让可感事物耗尽吧，我们也好结束这一切！在灵魂与感性的秘密合奏中，这一双重束缚（*double bind*）带来的痛苦将继续存在。

如此描述的审美条件，与自朗吉努斯以来的所有分析家，尤其是伯克（Burke）和康德所认识到的崇高感之二律背反，不无相似之处。这样的描述把对崇高感的具体分析扩展到了所有的审美情感上。艺术家、作家，有时还有哲学家，这些当代人都试图在感觉中寻找那些逃脱了感觉的"存在"：中性、灰色、空白"栖息于"声音、色度和响动的细微差别中。感觉逃离了这种虚无，它在这里经受了毁坏的威胁。在波纳尔（Bonnard）和莫奈（Monet）最为华丽的绘画中，色彩的狂热面向盲目提起上诉。

诗歌的字里行间中蕴含着无言。艾吕雅（Eluard）在《痛苦的都城》（*Capitale de la douleur*）中写道，"以无话可说开口说话"。山姆·弗朗西斯（Sam Francis）则说道，一个不可见之神，一个盲目的神，正等待着画家的援助，从而让我们看见他所"看到"的东西。约翰·凯奇（John Cage）的音乐同样也是对沉默的致敬。艺术，是灵魂为了逃避感性所承诺的死亡而许下的愿望，但艺术同时也在庆祝着被这同一种感性从非存在中拉出。伯克准确地描述了这种双重束缚。灵魂面临着被剥夺的威胁：言语、光明、声音，生命正走向绝对的缺乏。这就是恐怖（*terror*）。而突然间，威胁解除了，恐惧终止了，这则就是愉悦（*delight*）。艺术和写作饶恕了被判死刑的灵魂，但却并未让灵魂忘却死亡。

今天的"现代性"并不指望知觉能给灵魂带来任何美好的共鸣，而是希望能把灵魂从虚无中勉强救出。把梵高《麦田》（*Champ de blé*）里的黄色和维米尔（Vermeer）用以缓和代尔夫特（Delft）城墙的黄色比较一下吧。在两个世纪中，无论崇高的主题是什么，它所产生的虚无主义问题已经遍及文学和艺术对于感性的处理。虚无主义不仅终结了解放的伟大叙事之有效性，还导致了价值的丧失和上帝的死亡，并从而使形而上学变得不再可能。它将怀疑抛向审美材料。可感事物是一个事件；灵魂只有在受到它的刺激时才会存在；而当它缺失时，灵魂就会消散在毫无生气的虚无中。艺术作品有责任尊重这一令人惊叹而又毫不稳定的条件。音色、习语和细微差别并不是为了它们的表面价值，也不是为了身体和文化所赋予它们的直接意义。正如杜尚所说，它们必然是一场迫在眉睫而却"被延迟"的灾难之疲乏见证者。没有一种诗学来规定见证的方式，也没有一种美学来说明如何收集证词。

感性之于灵魂，就像拉斯科（Lascaux）的野兽之于绘画的人类。人靠吃动物而生存，如果缺少了它们，他就会丧生。但是岩壁的画家并不是吃肉的人。他也不是一只捕食色彩的眼睛。他只是一双将灵魂应有的色彩归还于它的眼睛。他并没有看到灵魂，但却将它唤醒，并守护着它。画家的目光从感觉的在场中看到了它的缺席，也从"去"（*fort*）中看到了"来"（*da*）。

感性的作品类似于弗洛伊德的孙子在摇篮边缘进行的性练习。绳子末端的线轴无疑就是他母亲的拟仿物。但是，就像在拉斯科那样，这个装置可以怎么去玩耍，要比它所象征的东西更加重要。孩子通过喃喃自语的"去"，让对象消失在边缘，又通过一声"来"，庆祝着对象的返回。这玩的正是从视觉到幻影、从表象到幻象的转变。幻象，就是被消失之印侵袭的表象。艺术将死亡的魔爪伸向感性。它将感觉从黑夜中掳走，并在其之上打上了黑暗的戳印。

弗洛伊德在某处承认他无法定义"性"，但是他已无法回避"性"。灵魂是有性的，正如它是感性的那样，它只存在于一个移情对象的奴役中，并为它自己的背叛而烦扰。在孩子的游戏里，这个对象就像艺术中的可感事物那样，被带入了幻象中的真实。悬浮于在场和缺席的边缘，绝不犯错的独断灵魂展现了自己的失灵。通过划上一条开端处的界线，艺术将其自身与病症区分开来。那只在拉斯科火把的隐晦微光下作画的眼睛，让色彩避开了能使之立即显现的强光。它将色彩放逐，又呼唤改变了的它们归来。这种折射的姿态勾勒出一条边沿。这并非是画框（在绘画史中，画框出现得比较晚），而是风格（le style），它栖息于整个作品的空间—时间之中，并成为整个作品的标记。风格并没有将灵魂本身从被感性奴役的灵魂之存在中分离出来，而是对后者提出了质疑。它将感性与其自身对立起来，这样，它就把与表象达成共识的、已经昏昏沉沉的灵魂，与正在被幻象唤醒的、震颤的灵魂对立起来。

*

我们已经懂得，这些观点都应被归于作品，而几乎与各种

"美学"学科毫无关系。如果说美学中的确有麻醉剂，那么艺术就是第一个给我们上了一课的。同时，如果说先锋派作品在这方面拥有某种特权，那么这就正如我所说，它们比其他作品更加明显地——至少是对于我们而言——完成了艺术姿态中所固有的虚无主义。它们以风格本身为对象。我们是否还需要指出，风格所要求的禁欲主义与当代文化所特有的自满正相反？它们唯一的共同主题即是虚无主义。但是，文化意在将之掩盖，艺术则意在将之阐明。

从这一决定开始，一个并不新奇的问题就被提出了：哲学能否创造作品？做哲学，当然并非一种文化活动。自苏格拉底以后，哲学就是写作。但是哲学写作的风格是怎么样的？它有没有面向灵魂说话？即使是最具风格的哲学著作——柏拉图对话——也明确拒绝了艺术对于感性的敬意。如果说哲学写作曾经屈服于风格的要求，那么它似乎就是在对自身不管不顾。这种笔误表明，思维的身体虽被思维的精神所排斥，但它却生产着后者并反抗着后者。

如果知觉不再作为一种被忽视的病症出现在哲学话语中，那么美学在哲学之中就会是现实的。而要做到这一点，哲学话语就不能是仅仅认识到自己的健忘症，它还必须在它自己的表述中，对精神（animus）与灵魂（anima）的对立进行精神分析。然而，对理性思考的痴迷是无法通过理性思考来解决或治愈的。无理取闹亦不可取。我们必须把文字及其联结的表象从它们的幻象中分离开来。正是风格的禁欲主义施行了这种分离。我并没有就此得出结论说，美学的现实性要求哲学家成为写作中的艺术家，这也就是说，诗人。相反，重要的是，正如阿兰·巴迪欧所说，在诗歌与数学之间，或者说在二者的构造之中，反思性的写作应当坚持质疑自身之所有，并以同样的方式不断剥夺自身。

最后，为了避免误解，是否还应该补充以下几点？这几点考虑只涉及最微小的灵魂（l'*anima minima*），即只涉及**这个**由**这一**可感幻象所逐一产生的情感。我之所以称其为最微小的灵魂，是因为作为美学的最低条件，它被框入了最严格的理解力中。它被呈现为没有连续性、没有记忆、没有精神（也没有想象或观念），以便极尽可能地接近感觉的奥秘：这样的可感物质（声音、气味等，以及如果文学确实把这些当作语言的材料，我们也可以暂时有所保留地加上词语和句子），唤醒了一种情感。"短暂的感觉从事件中产生，而事件本身则源于虚无"；也许只有一种对于感觉的"原初悬置（*archi-épochè*）"才能够提出这一命题。不仅是对于世界和实体的偏见，而且还有对于主体性和生命的偏见，都能够为它所中断。

针对这种中断的严格性，我要最后再加上一些缓和办法。我说过，最微小的灵魂是在没有记忆的情况下进行思考的。但这也许过分了，或者至少需要再澄清一下。如果说思想的目的是为了进行再度现实化，那么被感性唤醒并**赋予存在**的灵魂当然不知道自己的过去。但是，当湮灭的艺术姿态将其表象转化为幻象时，又当感性经受了这种考验时，它所唤醒的特定情感便立即带有了重现的价值。在这种偶发事件（advenir）中再次出现（revenir）的东西，并不在时钟或意识的时间中，也不值得被记忆（souvenir）。必须把关系颠倒过来：偶然事件的突然发生就是再次出现。这就是为什么姿态总是能够激起一阵怀旧，并促成一段回想。

原始出处

本文集中的文本或多或少经过了重新加工，曾在以下作品中以下述标题发表过：

1. «Marie in Japan» (tr. David Palumbo-Liu), *Stanford Literature Review, N.10: Sreams of Cultural Capital*, printemps 1993.

2. «Zone», Actes du colloque « Le philosophe dans la cité» (mai 1992), *Les Cahiers de philosophie*, automne 1993.

3. «Intriguer ou le paradoxe du graphiste», catalogue de l'exposition «Vive les graphistes!» (centre Georges-Pompidou, septembre-octobre 1990), Paris, Syndicat national des graphistes,1990.

4. «Qui perd gagne?», *Cahiers Antwerpen 1993, N.O.: Discours et Litttérature: sur l'intéressant*, Anvers, 1993.

5. «*The Wall, the Gulf and the Sun*» (extrait; tr. T. Cochran et J.-F. Lyotard), in M. Poster (ed.), *Politics, theory and Contemporary Culture*, New York, Columbia University Press, 1993.

6. «*Eine postmoderne Fabel*» (tr. Silvia Henke), in J. Huber (ed.), *Wahrnehmung der Gegenwart*, Zurich, Museum für Gestaltung, 1992.

7. «La terre n'a pas de chemins par elle-même», Préface à l'édition japonaise de *Heidegger et «les juifs»* (éd et. tr. Kunio Honna), Tokyo, Librairie Fujiwara, 1993.

8. «Ligne générale», *in* C.Evrard (dir.), *Librement dit. Écrits sur les droits de l'homme*, Paris, Le Cherche Midi, 1991.

9. «Aller et retour» (extrait), Introduction à J. Rajchman et G. West (dir.), *La Pensée américaine contemporaine* (tr. Andrée Lyotard-May de *The Postana-lytic Philosophy*), Paris, PUF, 1991.

10. «Foreword» (tr. A. Benjamin) in A.Benjamin (ed.), *The Lyotard Reader*, Londres, Basil Blackwell, 1988.

11.«Pour une "ontologie" du musée imaginaire», Actes du colloque «La nouvelle Alexandrie» (mai 1993), Collège international de philosophie, Programme de recherche en muséologie, Direction des Musées de France.

12. «A I'insu», *in* N. Loraux et M. Olender(dir.), *Politiques de l'oubli*, Paris, Le Seuil, 1988.

13. «*terror or the Run*» (tr. Philipp Wood), Actes du colloque «Terreur et Consensus» (avril 1993), Department of French Studies, Rice University, Houston, Texas.

14. «Musique, mutique», *in* Ch. Buci-Glucksmann et M. Levinas (dir.), *L'Idée Musicale*, Paris, Presses universitaires de Vincennes, 1993.

15. «Anima minima» (tr. M. Kalbe et Ch. Pries), *in* W.Welsch (ed.), *Aktualtät des Aesthetischen*, Munich, Fink Verlag, 1993.

图书在版编目(CIP)数据

后现代道德/(法)让-弗朗索瓦·利奥塔著;莫伟
民,贾其臻译. —上海:上海人民出版社,2024
(法国哲学研究丛书. 学术译丛)
书名原文:Moralités postmodernes
ISBN 978 - 7 - 208 - 18709 - 2

Ⅰ.①后⋯ Ⅱ.①让⋯ ②莫⋯ ③贾⋯ Ⅲ.①利奥塔
(Lyotard,Jean Francois 1924 - 1998)-后现代主义-文
集 Ⅳ.①B565.59 - 53

中国国家版本馆 CIP 数据核字(2024)第 017237 号

责任编辑 于力平
封扉设计 人马艺术设计·储平

法国哲学研究丛书·学术译丛

后现代道德

[法]让-弗朗索瓦·利奥塔 著

莫伟民 贾其臻 译

出　　版　上海人民出版社
　　　　　（201101　上海市闵行区号景路 159 弄 C 座）
发　　行　上海人民出版社发行中心
印　　刷　上海商务联西印刷有限公司
开　　本　635×965　1/16
印　　张　14.75
插　　页　2
字　　数　161,000
版　　次　2024 年 2 月第 1 版
印　　次　2024 年 2 月第 1 次印刷
ISBN 978 - 7 - 208 - 18709 - 2/B·1728
定　　价　65.00 元

法国哲学研究丛书

学术文库

《笛卡尔的心物学说研究》 施 璇 著

《从结构到历史——阿兰·巴迪欧主体思想研究》 张莉莉 著

《诚言与关心自己——福柯对古代哲学的解释》 赵 灿 著

《追问幸福:卢梭人性思想研究》 吴珊珊 著

《从"解剖政治"到"生命政治"——福柯政治哲学研究》 莫伟民 著

《从涂尔干到莫斯——法国社会学派的总体主义哲学》 谢 晶 著

《走出"自我之狱"——布朗肖思想研究》 朱玲玲 著

《永恒与断裂——阿尔都塞意识形态理论研究》 王春明 著

学术译丛

《物体系》(修订译本) [法]让·鲍德里亚 著 林志明 译

《福柯》(修订译本) [法]吉尔·德勒兹 著 于奇智 译

《褶子:莱布尼茨与巴洛克风格》(修订译本) [法]吉尔·德勒兹 著 杨 洁 译

《雅斯贝尔斯与生存哲学》 [法]米凯尔·杜夫海纳 [法]保罗·利科 著
邓冰艳 译

《情节与历史叙事:时间与叙事(卷一)》 [法]保罗·利科 著 崔伟锋 译

《资本主义与精神分裂(卷2):千高原》(修订译本) [法]吉尔·德勒兹 [法]费利
克斯·加塔利 著 姜宇辉 译

《后现代道德》 [法]让-弗朗索瓦·利奥塔 著 莫伟民 贾其臻 译